——省教育科学"十四五"规划课题"高职学生在线学习力
（课题批准号：XJK21CZJ045）研究

# 大数据与高职教育的融合发展研究

张 秦◎著

吉林大学出版社

长春

图书在版编目（CIP）数据

大数据与高职教育的融合发展研究 / 张秦著. －－长春：吉林大学出版社，2022.9
ISBN 978-7-5768-0360-0

Ⅰ.①大… Ⅱ.①张… Ⅲ.①高等职业教育－产学合作－研究－中国 Ⅳ.① G718.5

中国版本图书馆 CIP 数据核字（2022）第 164268 号

书　　名：大数据与高职教育的融合发展研究
　　　　　DASHUJU YU GAOZHI JIAOYU DE RONGHE FAZHAN YANJIU
作　　者：张　秦 著
策划编辑：卢　婵
责任编辑：魏丹丹
责任校对：田茂生
装帧设计：叶杨杨
出版发行：吉林大学出版社
社　　址：长春市人民大街 4059 号
邮政编码：130021
发行电话：0431-89580028/29/21
网　　址：http://www.jlup.com.cn
电子邮箱：jldxcbs@sina.com
印　　刷：武汉鑫佳捷印务有限公司
开　　本：787mm×1092mm　　1/16
印　　张：14
字　　数：220 千字
版　　次：2022 年 9 月　第 1 版
印　　次：2023 年 1 月　第 1 次
书　　号：ISBN 978-7-5768-0360-0
定　　价：82.00 元

版权所有　翻印必究

# 前　言

2014年，大数据首次写入政府工作报告，大数据逐渐成为各级政府关注的热点，政府数据开放共享、数据流通与交易、利用大数据保障和改善民生等概念深入人心。当下，大数据技术已成为国家发展中不可或缺的元素，大数据的重要性已提升到国家战略层面。全球范围内，运用大数据技术助力经济发展、促进行业改革、提升政府服务和监管能力、完善社会治理已成为趋势。大数据作为国家基础性战略资源，在带来技术和产业革命的同时，也必将深刻影响和改变我国教育发展的路径和方向，大数据与教育的结合成为时代发展的必然要求。

教育大数据是一种新的架构和思维方式，对教师教学、学生学习、教育管理、专业群建设、财务信息化建设、教育治理等方面均产生了显著影响，但也面临着数据安全、数据应用、数据运营与数据治理等诸多挑战。高职院校必须积极应对大数据时代的到来，响应国家推进数据运用的政策，顺应数据技术发展，深入开展大数据与高职教育的融合发展研究。这既是建设中国特色高水平高职院校的需要，也是推进我国教育现代化的需要。

正是在这样的背景下，本书力求以教育大数据的应用为特色，阐述大数据在高职教育领域的发展和应用现状。本书共六章：第一章浅析大数据的前世今生，介绍大数据的应用与相关政策法规，继而展示教育大数据的魅力与教育大数据安全的重要性，并阐述教育大数据的内涵、应用现状及政策支持等；第二章在阐述在线课程发展历程、应用现状及存在问题的基础上，使用 CiteSpace 分析我国高职院校在线课程研究热点与趋势，并结合大数据背景探讨高职院校的人才培养方案设计、课程标准设计以及在线课程改革；第三章从高职学生在线学习情况调查研究与高职学生在线学习力影响因素调查研究出发，在分析高职学生在线学习现状的基础上，构建高职学生在线学习力影响因素模型，开展基于文本情感分析的高职学生在线学习体验研究，最终系统提出改善高职学生在线学习状况、在线学习体验及提升在线学习力的建议；第四章使用 BP 神经网络预测高职学生在线学习成绩，包括 BP 神经网络模型的建立与优化、样本内预测与样本外预测、预测结果分析等；第五章展开了大数据背景下的高职院校专业群建设评价研究及财务风险评价研究，包括高职专业群建设评价指标体系的构建、高职专业群建设效果实证分析、高职院校财务风险评价指标体系的构建等；第六章基于职业教育发展现状与全球数据治理现状，提出高职治理转向数据治理新方式将成为一种必然，继而阐述高职院校数据治理的概念、必要性、内在机理、外在样式与应对策略，并探讨了高职产业学院数据治理的现实动因及推进路径。

教育大数据在高职教育的应用是拙作的立足点，以期为职业教育研究者、一线职业教育实践者以及相关专业的专科生、本科生、研究生提供指导，帮助他们快速地认识职业教育大数据，从而积极投身于应用实践。大数据与职业教育应用间形成了一个庞大的体系，拙作只是沙海一粒，有表述、引用不当之处，敬祈读者批评指正，期待携手推动职业教育大数据研究的发展。

张　秦

2022 年 2 月

# 目 录

第一章　教育大数据发展概况 ················································ 1

　第一节　大数据的发展历程 ·················································· 1

　第二节　大数据的发展现状与趋势 ········································· 3

　第三节　教育大数据的内涵 ·················································· 7

　第四节　教育大数据的应用与面临的挑战 ······························ 12

第二章　大数据在高职院校在线课程建设中的应用 ················ 18

　第一节　在线课程研究综述 ················································ 18

　第二节　基于 CiteSpace 的高职院校在线课程研究热点与趋势的

　　　　　知识图谱分析 ······················································· 23

　第三节　大数据背景下高职人才培养方案的设计

　　　　　——以某职业院校统计与会计核算专业为例 ············ 34

第四节　大数据背景下高职课程标准的设计
　　——以"Excel 在统计中的应用"为例 …………… 41

第五节　基于大数据背景及核心素养培育的高职在线课程改革
　　——以统计学课程为例 …………………………… 52

# 第三章　大数据在高职学生在线学习中的应用 …………… 64

第一节　高职学生在线学习概述 ………………………………… 64

第二节　大数据背景下高职学生在线学习情况调查研究 ……… 71

第三节　大数据背景下高职学生在线学习情况改善对策 ……… 90

第四节　高职学生在线学习力影响因素分析 …………………… 92

第五节　大数据背景下高职学生在线学习力改善策略 ………… 97

第六节　基于文本情感分析的高职学生在线学习体验研究 … 102

# 第四章　大数据在高职学生在线学习成绩预测中的应用 … 114

第一节　人工神经网络概述 …………………………………… 114

第二节　基于 BP 神经网络的高职学生在线学习成绩预测 … 128

# 第五章　大数据在高职院校专业群建设评价
　　及财务风险评价中的应用 ……………………………… 139

第一节　大数据背景下高职专业群建设评价指标体系的构建 … 139

第二节　大数据背景下高职专业群建设效果实证分析 ……… 149

第三节　大数据背景下高职院校财务风险评价指标体系的构建 … 158

## 第六章　大数据在高职院校治理中的应用 …………………… **169**

### 第一节　高职院校治理及数据治理研究综述 ………… **169**
### 第二节　职业教育发展现状及数据治理现状 ………… **179**
### 第三节　数据治理：高职院校治理方式的创新 ………… **191**
### 第四节　高职产业学院数据治理的现实动因和推进路径 ………… **203**

## 附　录 …………………………………………………………… **209**

## 后　记 …………………………………………………………… **216**

# 第一章　教育大数据发展概况

教育是灵魂的唤醒，数据是现实的记录。当下，数据无处不在，大数据风起云涌，云储存、云计算成为如水电气一样的社会公共资源，尤其是大数据撞入教育领域，教与学已在一定程度上被大数据重构。党中央决定实施国家大数据战略，吹响了加快发展数字经济、建设数字中国的号角。我国教育领域的发展与改革正面临前所未有的挑战，大数据与教育的结合成为时代发展的必然要求。

## 第一节　大数据的发展历程

从文明之初的"结绳记事"，到文字发明后的"文以载道"，再到近现代科学的"数据建模"，数据一直伴随着人类社会的发展变迁，承载了人类基于数据和信息认识世界的努力和取得的巨大进步。大数据的发展过程大致经历了萌芽时期、发展时期与兴盛时期三个阶段。

### 一、萌芽时期：1990 年至 2000 年

"大数据"最早萌芽于计算领域，随后逐渐延伸至科学、商业及教育等领域。1997 年，美国国家航空航天局武器研究中心的大卫·埃尔斯沃思（David Ellsworth）和迈克尔·考克斯（Michael Cox）在数据可视化研究中

首次使用了"大数据"这一概念。1998年，*Science*杂志发表文章《大数据科学的可视化》，这是"大数据"作为一个专用名词第一次正式出现在公共期刊上。此阶段中，"大数据"仅是一个概念或假设，只有极少数学者对其开展了研究和探讨，研究内容也局限于体量巨大的数据量，对于数据的收集、整理、处理、存储、共享及保密等方面均没有进一步的探讨。

## 二、发展时期：2000年至2010年

2001年，美国Gartner公司开发了大型数据模型。同年，麦塔集团（META Group）分析师莱尼（Doug Laney）提出了大数据的3V特性，即数据体量巨大（Volume）、数据类型繁多（Variety）、数据即时处理速度快（Velocity）。2005年，Hadoop技术（分布式文件系统）应运而生，Hadoop利用MapReduce算法运行程序，以并行处理方式在不同CPU节点上处理数据，不仅可以研发基于计算机集群运行的应用程序，还能针对大规模数据进行全部统计分析，成为数据分析的主要技术。2007年，图灵奖得主吉姆·格雷（Jim Gray）在"科学方法的革命"演讲中提出了继实验归纳、模型推演、仿真模拟三种科学研究范式后的"第四范式"——"数据密集型科学发现"，这为科学界提供了一种新的研究范式，并开启了从科研视角审视大数据的热潮[1]。在这一阶段，"大数据"作为一个新名词彰显活力，关注度逐渐提高，理论研究得到进一步拓宽，数据处理技术不断发展。

## 三、兴盛时期：2011年至今

2011年，通用商用机械公司开发了沃森超级计算机，通过每秒扫描和分析4TB数据，打破了世界纪录，标志着大数据计算达到了一个新高度。随后，麦肯锡咨询公司发布了《大数据前沿报告》，详细介绍了大数据的技术框架及大数据在各个领域的应用。2012年，瑞士达沃斯论坛上发布

---

[1] Tony Hey, Stewart Tansley, Kristin Tolle. 第四范式：数据密集型科学发现[M]. 潘教峰，张晓林，等译. 北京：科学出版社，2012.

的《大数据大影响》报告指出，数据已经成为一种像货币或黄金一样的新的经济资产类别，许多国家政府更是把大数据上升到战略层面，这正式宣布了大数据时代的到来。牛津大学教授维克托·迈尔-舍恩伯格（Viktor Mayer-Schönberger）是最早洞见大数据时代发展趋势的数据科学家之一，他与肯尼思·库克耶（Kenneth Cukier）于2012年出版的畅销著作《大数据时代》给大众带来了颠覆性观念转变，书中指出大数据的核心是预测，数据分析将从"随机采样""精确求解"和"强调因果"的传统模式演变为大数据时代的"全体数据""近似求解"和"只看关联不问因果"的新模式[①]。

2012年后，大数据逐渐渗透到各行各业，大数据的发展迎来了全面兴盛时期，大数据相关研究已从大数据的概念和特点转向大数据技术、产品、应用、标准和治理等领域。当前，各界对大数据已形成基本共识，普遍认为大数据最本质的价值在于为人们认识事物提供了全新的手段和思维。

## 第二节 大数据的发展现状与趋势

当下，大数据技术已成为国家发展中不可或缺的元素。全球范围内，运用大数据技术助力经济发展、促进行业改革、提升政府服务和监管能力、完善社会治理已成为趋势。

### 一、我国大数据相关政策法规

2014年，大数据首次写入政府工作报告，并逐渐成为各级政府关注的热点，政府数据开放共享、数据流通与交易、利用大数据保障和改善民生等概念深入人心。此后我国相关部门出台了一系列政策，鼓励大数据产业发展。2015年8月，国务院发布的《促进大数据发展行动纲要》提出，加

---

① Viktor Mayer-Schönberger, Kenneth Cukier. 大数据时代[M]. 盛杨燕，周涛，译. 杭州：浙江人民出版社，2013.

快政府数据开放共享，推动资源整合，提升治理能力；推动产业创新发展，培育新兴业态，助力经济转型；强化安全保障，提高管理水平，促进健康发展。2016年10月，国家发改委办公厅发布的《关于组织实施促进大数据发展重大工程的通知》提出要从破解制约大数据创新发展的突出矛盾和问题出发，重点推进数据资源开放共享，推动大数据基础设施统筹建设，打破数据资源壁垒，深化数据资源应用，积极培育新兴繁荣的产业发展新业态。2017年1月，工信部发布的《大数据产业发展规划（2016—2020年）》提出要以创新驱动、应用引领、开放共享、统筹协调、安全规范为原则，促进行业大数据应用发展，推进大数据标准体系建设，提升大数据安全保障能力。2017年1月，国务院印发的《国家教育事业"十三五"规划》强调大力建设教育大数据，加快构建教育云服务体系和教育数据资源共享机制。2018年4月，国务院发布的《科学数据管理办法》规范了法人单位及科学数据生产者的数据采集、汇总、保存、使用、分享及保密等一系列行为。

2017年12月8日，习近平总书记在十九届中共中央政治局第二次集体学习时的重要讲话中强调要审时度势、精心谋划、超前布局、力争主动，实施国家大数据战略，加快建设数字中国。2021年10月18日，习近平总书记在十九届中共中央政治局第三十四次集体学习时的重要讲话中强调要把握数字经济发展趋势和规律，推动我国数字经济健康发展，并做出了"加强关键核心技术攻关，加快新型基础设施建设，推动数字经济和实体经济融合发展，规范数字经济发展，完善数字经济治理体系"的战略部署。

## 二、大数据应用

根据数据开发应用的深入程度，可以将大数据应用分为描述性分析应用、预测性分析应用与决策指导性分析应用三类。

第一，描述性分析应用。描述性分析应用指通过对大数据进行描述性统计分析，从海量数据中获得相关信息和知识，从而帮助人们掌握事物的发展历程，认识事物的特点。例如美国的DOMO公司通过抽取、整合、可视化数据等步骤，探究数据蕴含的信息，帮助业务人员和管理者深入了解企业现状，进而做出科学决策。

第二，预测性分析应用。预测性分析应用是指通过大数据挖掘与分析，探讨事物间的本质关系，进而预测事物的发展趋势。例如大卫·罗斯柴尔德（David Rothschild）在2013年利用大数据成功预测了第85届奥斯卡24个奖项中的19个。2014年，大卫·罗斯柴尔德再接再厉，通过收集投票数据、基础数据、用户生成数据、市场预测数据，建立预测模型，成功预测第86届奥斯卡金像奖颁奖典礼24个奖项中的21个，继续向人们展示了大数据的魅力。

第三，决策指导性分析应用。决策指导性分析应用指在描述性分析应用和预测性分析应用的基础上，通过分析不同决策的效应，做出最优化决策。例如通过分析海量激光雷达、摄像头及高精度地图采集的数据，预判车辆不同驾驶行为的后果，从而实现指导车辆自动驾驶。

总体来说，在大数据应用的实践中，描述性分析应用和预测性分析应用较多，而决策指导性分析应用等更深层次的应用偏少。一般而言，人们做出决策的过程分为认知现状、预测未来和选择策略三个阶段，这三个阶段依次对应着大数据应用的描述性分析应用、预测性分析应用和决策指导性分析应用三个阶段。越深层次的大数据应用意味着计算机承担的任务越多、越复杂，例如在人机博弈等非关键性领域中，计算机所承担的任务，无论从数量还是复杂性来说都高于人类。未来，预测性应用、决策指导性应用等深层次的大数据应用将是大数据发展的重点。

### 三、大数据治理

随着大数据作为战略资源的地位日益凸显，大数据发展面临的诸多问题逐渐显现，如广泛存在的数据壁垒阻碍了数据的共享和开放，发展滞后的法律法规未能给大数据应用提供安全与保障，数据治理体系的缺乏导致数据的确权、流通和管控面临着多重挑战等。近年来，大数据应用、大数据共享、大数据安全及大数据隐私间的矛盾日益严峻，大数据治理迫在眉睫。

一方面，大数据共享开放的需求极为迫切。数据开放的理念最早由政府提出，因为大部分大数据的价值具有潜在性特点，需要通过创新性分析释放，而政府在获取数据中所处的特殊地位致使其使用数据的效率较低，因此就有了一个共识，即提取政府数据价值最好的办法是允许私营部门和社会大众访问政府数据。此后，数据开放的概念就在各国政府间不断落实。近年来，基于对海量高质量数据的分析与挖掘，人工智能应用取得了重要进展。但大量单一组织机构汇集数据的途径仅为自身积累，且收集的数据通常仅包含了事物的局部信息，导致这些单一组织难以聚集大量的高质量数据。因此，只有通过共享开放和数据跨域流通才能建立信息完整且质量较高的数据集。

另一方面，数据的开放共享有可能导致数据安全和隐私泄露等风险，必须对其加以规范。近年来，为了加强互联网环境下的个人信息保护力度，我国制定了《中华人民共和国网络安全法》《电信和互联网用户个人信息保护规定》《全国人民代表大会常务委员会关于维护互联网安全的决定》等相关法律文件。这些法律在保护数据安全的同时，也增加了数据流通的成本。

可见，如何兼顾发展和安全是当前全球数据治理中亟须解决的难题。当前，国际上虽已围绕数据治理这一问题开展了一系列研究工作，但仍存在一些问题：一是大数据治理概念的使用相对"狭义"，研究和实践的对象大多为企业组织，且大多仅从个体组织的角度考虑大数据治理的相关问题，这与大数据跨界流动的迫切需求存在矛盾，限制了大数据价值的发挥；二是不同研究者从流程设计、信息治理和数据管理应用等不同视角，给出了大数据治理的不同定义，已有研究实践对大数据治理内涵的理解尚未形成共识；三是大数据治理的相关研究和实践缺少系统化设计，在完整性、一致性及关联性上存在不足。

当前，各界已经普遍认识到了大数据治理的重要意义，大数据治理研究已经成为大数据研究的重点与热点，推进大数据治理体系建设将是未来较长一段时间内需要持续努力的方向。

## 第三节 教育大数据的内涵

### 一、教育大数据的概念界定

当前，学界对教育大数据的概念界定尚未达成统一认识。大数据这个概念最早产生于 IT 行业的技术术语，指的是数据量规模巨大且无法通过人工在合理时间内转化为人类所能解读的信息[①]。教育大数据是大数据的一部分，专指教育领域中的大数据，具体来说，是指所有教育活动中产生的、可用于教育发展的数据集合。教育大数据不仅仅是大数据在教育领域的应用，同时也是教育领域反向驱动大数据技术分化出的独立分支。广义的教育大数据泛指教育领域的所有大数据，即日常教育活动中产生的及根据教育需要采集的所有数据；狭义的教育大数据指学习者的行为数据[②]。"教育大数据"概念界定要重点突出三点：一是教育大数据是面向教育领域的数据；二是教育大数据是面向教育全过程的数据；三是教育大数据属于分布式计算架构方式，通过数据共享的各种支持技术实现教育共建共享的目标。

教育大数据主要有以下四类来源：第一，教学活动中产生的直接数据，例如课堂到课率、学生参与讨论的比例、作业情况、考试成绩等；第二，教育管理活动中获得的数据，例如师生互评数据、学生心理健康情况、学生家庭信息、学生比赛获奖情况等；第三，科研活动中获得的数据，包括

---

[①] 杨现民,唐斯斯,李冀红.发展教育大数据：内涵、价值和挑战[J].现代远程教育研究,2016（1）：50-61.

[②] 肖君.教育大数据[M].上海：上海科学技术出版社,2020.

教师的论文发表情况、横纵向课题情况、专利申请数量、专著出版数量、科研经费等；第四，校园生活中产生的数据，例如学生的食堂消费记录、书籍借阅情况、上网情况等。

## 二、教育大数据的价值

伴随着数据时代带动的非线性大数据增长，教育系统也正处于高速发展过程中。我国国务院于 2015 年发布的《促进大数据发展行动纲要》强调数据已成为国家基础性战略资源，并明确提出建设教育大数据。2018 年 4 月，我国教育部公布的《教育信息化 2.0 行动计划》提出要推进新时代教育信息化发展，推动教育专用资源向教育大资源转变，从提升师生信息技术应用能力向全面提升师生信息素养转变，发展基于互联网的教育服务新模式，探索信息时代教育治理新模式。

目前，教育大数据的重要性已经提升到国家战略层面。大数据在教育领域的价值正在逐步凸显，教育大数据可以驱动教学模式的改革、教育管理的科学化、教育评价体系的重构及个性化学习的实现。

第一，驱动教学模式的改革。教育大数据可以有效促进翻转课堂、MOOC、SPOC 等新型教学模式的开展。利用教育大数据技术，可以方便、快捷、精准地掌握所有学生的学情、兴趣点、薄弱点等，从而推动教学模式的改进。教育大数据还可以全面考核教师成长，分析教师的教学效果，帮助教师改进教学方法与教学手段。

第二，驱动教育管理的科学化。当前我国教育管理信息化的智能化程度水平不高，管理模式、管理水平和管理效率均有待改善和提高。通过大数据技术，可以快速搜集各类教育单位的教育经费、人员信息、学校办学条件等数据，并将数据转化为知识，为教育决策提供数据支撑。通过对教育管理过程中产生的数据的采集、挖掘、整理、分析及可视化处理，可以为管理者提供科学的决策支持，最终驱动教育管理的科学化。

第三，驱动教育评价体系的重构。当前，教育评价正在由"单一评价"

转向"综合评价",由"经验主义"转向"数据主义"。随着大数据技术的发展,不仅可以采集到学习时间、地点、具体情况、所用设备、学习效果等智慧学习环境中教与学的全过程数据,还可以为每位学生建立储存每学期、每门课、每节课、每次学习情况的电子学习档案,持续追踪学生的学习情况。

第四,驱动个性化学习的实现。依托教育数据挖掘和学习分析两项关键技术,教育大数据可以用于分析学习者特征,能够为解决教育问题提供新思路和新途径。大数据技术可以精确地记录所有学生的学习记录,包括每位学生在线学习资源使用过程的所有细节,例如学习资源的停留时间、资源的点击率和回访率、参与讨论的次数等,这些数据不仅可用于精准分析学习资源的质量,还能让学生掌握自己每阶段的学习情况,以便更好地开展适应性学习和自我导向学习。大数据可以根据学生的学情,精准提供和推送适合学生学习基础,能激发学生学习兴趣的学习资源、学习活动、学习路径、学习工具与服务等。通过教育数据挖掘与学习分析技术,可以构建学生学习情况评价和预测模型,实现个性化的学习评价,提供准确的诊断结果,并向学生提出个性化的建议,提高学生的学习效果。

## 三、教育大数据的特征及分类

### (一)教育大数据的特征

大数据具有数据量大、输入速度快、处理速度快、数据多样及数据精确等特点。教育大数据与传统教育数据在数据关注重点、数据采集、数据分析、数据应用上都有较大的差别。具体来说,一是关注重点上,传统教育数据主要以结构化、结果性的数据为主,关注的重点一般是受教育者的群体特征及国家、区域、学校不同层面教育发展的整体状况,而教育大数据主要以非结构化、过程性的数据为主,关注的重点从"宏观群体"转为"微观个体";二是数据采集上,传统教育数据的采集一般是在用户知情的情况下进行阶段性采集,而教育大数据的采集呈现出高度的复杂性、实时性、创造性、连贯性和全面性，利用云计算、移动通信、传感器、普适计算等新技术，可以在不影响教师教学和学生学习的前提下实时、准确地采集教育全过程中的所有微观数据，譬如教师提供的资源数量及教学过程中的提问次数、学生的视频观看时长及作业正确率等；三是数据分析上，传统教育数据的分析一般使用简单的汇总统计和描述统计，而教育大数据的分析处理更加多样化和复杂化，在注重相关关系的基础上更强调因果关系；四是数据应用上，传统教育数据的应用面较窄，而教育大数据的应用更加深入和多元。

相比不同领域的大数据，教育大数据具有以下几个特点。第一，教育大数据在采集上具有高度复杂性。教育活动是人类智慧的结晶，是一种复杂的、特殊的、创新性的实践活动，没有标准化的操作流程和模式，因此教育大数据的采集具有较高的复杂性。第二，教育大数据在分析上更强调因果关系。只有挖掘教育的因果关系，才能实现教育"培养人"的目的，才能洞察教育问题的本质原因。第三，教育大数据在应用上具有高度的创造性。大数据在教育领域的应用具有相当大的潜力，要想最大限度上发挥好这些潜力，就必须打破常规思维，发挥教育大数据创造力。

### （二）教育大数据的分类

从不同的角度出发，教育大数据有不同的分类方法。第一，从数据结构化程度的角度出发，教育大数据分为结构化数据、半结构化数据和非结构化数据；第二，从数据产生所属的业务的角度出发，教育大数据分为教学数据、管理数据、科研数据和服务数据；第三，从数据产生环节的角度出发，教育大数据分为过程性数据和结果性数据，其中，过程性数据是指课堂听课状态、作业难度等在教学活动中产生的且较难量化的数据，结果性数据是指作业等级、期末成绩、到课率等在教学活动中产生的且可量化的数据。

教育数据由内到外可以分为基础层、状态层、资源层及行为层。其中，基础层用于存储教育统计信息、行政管理信息、学校管理信息等国家教育基础性数据；状态层用于存储设备能耗、设备故障等教育装备数据，以及校园空气质量、教室光照等教育环境数据；资源层用于存储教学视频、教学课件、课堂讨论、课堂互动、课后作业、试题试卷、试卷分析、教学软件、教学反思、师生互评、学生到课率等教育过程中产生的各种教学资源数据；行为层用于存储教师的教学行为数据、学生的学习行为数据、辅导员的教学指导行为数据、管理员的系统维护行为数据等。不同层教育数据的采集方式、生成方式及应用场景不同。由内到外来看，基础层的数据采集方式主要是人工采集与数据交换，数据主要应用于科学制定教育政策、宏观掌控教育发展现状、合理配置教育资源及完善教育体系等场景；状态层的数据采集方式主要是人工记录和传感器感知，数据主要应用于教育业务的实时监控、教育环境的智能优化、教育装备的智能管理等场景；资源层的数据采集方式主要是专门建设和动态生成，数据主要应用于课堂教学、移动学习、协作学习、教师培训等各种形式的教学与培训场景中；行为层的数据采集方式主要是日志记录与情境感知，数据主要应用于发展性评价、学习路径推送、个性化学习及教学行为预测等场景。

### 四、教育大数据的五层架构

根据教育数据的来源与范围，将教育大数据分为五层架构，分别是个体层、课程层、学校层、区域层和国家层，从下向上逐级汇总各种教育数据。

第一，个体层教育数据。个体层教育数据包括教职工与学生的基础信息（如教职工的年龄、学历、职称、工龄等，学生的出生日期、籍贯、入学成绩、专业、家庭信息等）、用户各种行为数据（包括学生的学习行为记录、管理人员的操作行为记录及教师的教学行为记录等）、用户状态描述数据（包括学生的学习身心健康情况、学习兴趣及学习动机等）等。

第二，课程层教育数据。课程层教育数据指围绕课程教学而产生的所有教育数据，如课程基本信息、课程教学团队、课程成员、视频资源、图片资源、课堂练习、课后作业、师生交互行为、生生交互行为、课程考核、课程评价等数据。

第三，学校层教育数据。学校层教育数据包括学校概况数据、学生学习数据、教师教学行为数据、教务数据、学生管理数据、科研数据、财务数据、基建数据、办公管理数据、校园安全数据、校园生活数据、设备使用与维护数据、教室实验室使用数据、学校能耗数据等。

第四，区域层教育数据。区域层教育数据包括教育行政管理数据、区域教育云平台数据、各区域层面开展的教学教研、学生竞赛及在线教育活动数据等。

第五，国家层教育数据。国家层教育数据的来源主要是各区域教育数据的汇总。

## 第四节　教育大数据的应用与面临的挑战

### 一、教育大数据的应用

当前，教育大数据作为一种全新的架构和思维方式，对教师教学、学生学习、教育管理、科研、教育评价等方面均产生了显著影响。教育大数据正逐渐成为一种变革教育的科学力量和战略资产，已应用于科学化管理、智能化教学、个性化学习、综合化评价和深入化研究等方面。

第一，教育大数据在科学化教育管理中的应用。在以往传统的教育决策中，经常出现缺乏数据支撑，仅依靠决策者的直觉、理解、推测来制定政策的情况，导致决策质量较差、精度较低。依托于快速发展的大数据，教育决策将摆脱仅依靠直觉、经验甚至猜测做出判断的局面，转向基于客观数据和分析做出决策。大数据技术能够积累、运行、维护各级学校和教育机构的各类数据，助力教育数据的分析走向深层次挖掘，探究教育数据中隐藏的有效信息，解析教育过程中存在的难点，暴露教育过程中出现的问题，为教育管理和教育决策提供高效、科学的数据支持。教育大数据在科学化教育管理中的应用主要体现在科学决策、设备管控、环境管控、危机预防、安全管理等方面。

第二，教育大数据在智能化教学模式中的应用。依托于教育大数据，传统千篇一律的教学模式将得以改变，智能化教学模式也得以建立和实现。智能化教学模式环境下，教师可以快速而准确地掌握每位学习者的知识缺陷和学习兴趣，深入了解每一位学习者精确的学习状况，从而及时调整教学目标与教学方案，优化教学方法，改进教学模式与教学策略，提高教学质量。大数据技术能够全方位记录教师成长过程，并能运用关联规则挖掘等方法评估教师教学方法和教学手段的有效性，可以加速教师自身能力提高，助力教师职业发展。教育大数据对智能化教学模式的支持，使得教师从依靠经验教学转向以教育数据分析为支撑开展教学，使得学生的学习过程从模糊发展到依托数据认识自我、发展自我、规划自我，最终促使教师的教学过程和学习者的学习过程趋于精准和智能。

第三，教育大数据在个性化学习中的应用。当前，通过集成教育数据挖掘与学习分析技术，不仅可以记录学习资源数据，如资源类型、资源数量、资源所属知识点等，可以采集学习者的学习行为数据，如学习时长、资源点击时间、资源停留时长、重复次数、回访率、正确率等，还可以智能分析学习者的学习行为，如分析学习者的学习特点、兴趣爱好和行为倾向，探索学习过程中潜在的学习规律，开展个性化的学习评价，推送个性化学习资源，定制个人学习报告，提供学习诊断结果及个性化学习建议等。

第四，教育大数据在综合化教育评价领域中的应用。传统的教育评价多为依靠"经验主义"开展针对"宏观群体"的"单一评价"，教育大数据时代的教育评价将转为依靠"数据主义"开展针对"微观个体"的"综合评价"。教育大数据导致的教育评价变化，不仅表现在评价思想上，还包括评价方法；不仅包括对学生的评价，还包括对教学管理、评估质量等具体水平的评价。以教学评价为例，教学评价不再仅仅由学生评教、督导评教、课堂状态等方面构成，而是由大量的客观数据汇集而成，这使得教学评价更加多元化，也更为公平公正。

第五，教育大数据对深化科学研究的支持。在教育大数据时代，科学研究将从随机抽样、探讨因果关系，走向总体数据、寻找相关关系。基于自动、连续的数据记录和数据搜集，大数据可以为研究人员提供定制服务，减少研究资金的浪费，提高研究效率，加速成果转化，从而改变传统学术研究的过程。

## 二、教育大数据面临的挑战

与医疗、交通等领域相比，教育领域具有较强的复杂性和独特性，因此教育大数据也面临着数据安全、数据应用、数据运营与数据治理等诸多挑战。

### （一）教育大数据的安全问题

在教育系统、教育设备、教育环境等纷纷融入信息化元素的背景下，教育大数据已成为学校的核心资产，在为学校发挥重要作用的同时，也带来了一些问题，譬如教育大数据涉及了大量隐私，如果隐私泄露甚至被恶意使用，将会带来很大的数据安全问题，把数据安全的威胁带到教育这片"净土"之上。以美国的教育大数据存储机构 inBloom 为例。这是一个成立于 2011 年的美国非营利性学生数据存储机构，由美国教育工作者、国家领导人、非营利基金会、教学内容与工具供应商共同成立。inBloom 的愿景是让老师对学生有更全面的了解，在节省时间、精力和资源的情况下，实现个性化教学。inBloom 系统的数据来源于学校数据库，这些数据的类别繁多，不仅包括学生姓名、学号、专业、班级、考勤、成绩、纪律处分等基本学习信息，还包括了一些个人隐私的类别，譬如经济状况、恋爱情况等。在有些分类中，有一些标签令人无法接受，比如家庭关系中有"义父"或"对父亲很重要的人"，转学理由中有"怀孕""自闭症""受不了暴力事故"等。学校和老师可以在经过授权的浏览器和应用程序上浏览这些信息，从而使老师能够追踪单个学生，并利用恰当的软件实时地为其设计课程。这些都是 inBloom 对其个性化教学的设想，但由于数据信息的泄露，

inBloom 遭到了公众的抗议，仅仅运行了 15 个月便关闭。

　　公共数据开放运动已是国际趋势，互联网大数据已融入学校生活的方方面面，教育不仅是一项公益性事业，还属于民生服务体系，教育大数据应实现数据资源适度向社会开放。与此同时，国家应高度重视教育数据的安全管理，加强教育大数据隐私保护立法，设立信息隐私认证体系，强化监管指导，使用安全系数更高的保障措施，尽最大努力减少教育隐私数据的外泄和恶意使用。我国应从体制、机制和技术等多角度出发，建立健全数据生产部门、数据使用部门、数据管理部门的安全管理架构，制定各部门的安全管理细则，保障个体、机构及国家的教育数据的安全。实时监控教育大数据的应用与安全状况，出台相关法律法规，并依法依规对侵犯用户隐私、危害数据安全的单位和个人进行处罚。加速研发适合教育数据专用的存储系统，为教育大数据提供可靠程度高、性能强、管理容易、灵活性好的数据存储服务。根据教育系统保密工作的实际需要，区分教育数据的保密等级，根据具体等级采取相对应的保密措施。

　　（二）教育大数据的应用问题

　　大数据是互联网与信息技术发展的产物，能够对教育领域产生极为重要的影响和作用。随着教育大数据的快速发展，人们的思维认知与学习方式都发生了很大的变化。当前，社会已逐渐意识到大数据在驱动区域教育均衡发展、教育管理科学化、教学模式改革、个性化学习实现、教育评价体系重构、科学研究范式转型等方面的应用价值。例如当前我国已将教育大数据应用于学校资产智能管理、大学报考难度预测、经济困难学生预警、大学生就业难度衡量等方面，但整体来说，我国教育大数据的应用还处在起步和摸索阶段。为了加快教育大数据应用，我国应充分借鉴国外教育部门在推动教育数据应用上的成功经验，尽快出台《教育大数据发展建议与应用指南》，从法律层面和战略层面加大教育大数据的应用和推广力度；提炼具有推广价值的教育大数据应用模式与案例，总结已有的成功经验，培育并推广一批教育大数据应用的先进典型，讲好"教育大数据应用故事"，做好各类型宣传教育工作，正面引导全国各地教育行政机构和各级学校合理应用教育大数据；组织计算机科学、统计学、管理学、教育学、心理学等多学科的精英骨干成立教育大数据研究机构，解决教育大数据应用推广过程中碰到的困难，同时开展相关前瞻性研究。

### （三）教育大数据的运营问题

教育是贯穿于社会发展的一项基础工程，也是年轻力量的培养基地。当前，教育行业已发生了翻天覆地的变化，教育数据作为一种无形资产，应受到国家保护，其使用权和所有权属于所有公民，应适度向民众开放。适度、合理地向民众开放教育数据，不仅能提高大众对教育大数据的认知，能引导学校和研究机构充分应用教育大数据，还能鼓励企业和个人挖掘教育大数据的价值，从而促进教育发展。教育数据的安全性十分重要，要充分探讨和论证教育大数据的开放对象、开放范围与开放程度，保障教育数据使用的合法性与安全性。针对官方机构和非官方机构应设立不同的教育数据使用权限，对于官方机构，政府部门应制定教育数据运营商准入标准，并参考通信领域颁发运营商牌照的方式为符合准入条件的官方机构颁发运营牌照；对于非官方机构，在需要使用教育数据时，应满足相关规定并取得相关许可，方可获得教育大数据的使用权限。

### （四）教育大数据的治理问题

信息时代会生产数量巨大、类型多样的教育大数据，要想发挥教育大数据的巨大效用，就要思考如何做好教育大数据的治理工作。教育数据治理可以促进教育数据合理应用，保护教育数据隐私安全，保障教育数据合法共享，提高教育数据质量。全国各地教育行政机构、学校、教育管理者等与数据治理相关的主体都应加强"数据治理"理念，学习"数据治理"精神。我国应尽快出台教育大数据治理的相关法律法规，制定清晰的数据治理机制、数据治理流程与数据质量管理办法，形成教育数据采集标准与质量管理标准，为教育大数据的获取、挖掘、整理、可视化、分析、归档、保存等保驾护航。通过出台数据管理办法、建设基础数据交换平台、统一服务门户和身份认证、建成教育大数据决策支持平台等方法，规范化采集与汇聚共享教育数据库、教育资源平台、教育服务平台等产生的数据，打通汇聚壁垒，构建数据生态，发挥行政部门、学校、教育机构、企业、个体等不同主体的创造性，引导社会力量共同参与教育大数据的治理与创新。

## 参考文献

［1］Tom White. Hadoop 权威指南：大数据的存储与分析（第4版）［M］. 王海，华东，刘喻，等译. 北京：清华大学出版社，2017.

［2］涂子沛. 大数据［M］. 桂林：广西师范大学出版社，2015.

［3］信俊昌，王国仁，李国徽，等. 数据模型及其发展历程［J］. 软件学报，2019，30（1）：142-163.

［4］陈颖. 大数据发展历程综述［J］. 当代经济，2015（8）：13-15.

［5］赵云辉，张哲，冯泰文，等. 大数据发展、制度环境与政府治理效率［J］. 管理世界，2019，35（11）：119-132.

［6］蒋明思. 大数据技术驱动下高校教育管理现代化研究［J］. 食品研究与开发，2021，42（23）：237.

［7］滕长利. 教育大数据信息采集权与大学生隐私权的冲突研究［J］. 黑龙江高教研究，2021，39（9）：140-144.

［8］胡弼成，王祖霖."大数据"对教育的作用、挑战及教育变革趋势——大数据时代教育变革的最新研究进展综述［J］. 现代大学教育，2015（4）：98-104.

［9］郭丽. 高校教育管理现状及其在大数据时代的变革研究［J］. 湖北开放职业学院学报，2021，34（24）：33-34.

［10］张宁，袁勤俭. 数据治理研究述评［J］. 情报杂志，2017，36（5）：129-134，163.

# 第二章　大数据在高职院校在线课程建设中的应用

大数据应用是教育信息化的重要手段和特征之一，大数据思维已越来越多地应用到教育领域。利用大数据促进在线课程建设和有效开展在线教学，是扩大教育供给，促进教育公平，完善终身教育体系的重要途径，也是我国教育信息化发展的重要任务。

## 第一节　在线课程研究综述

### 一、在线课程的内涵

在线课程最早出现在国外，我国于 2012 年起开始积极建设在线课程，当前国内有关在线课程内涵的相关研究主要分为两大类：一是以"教"为中心的课程观，如我国教育部将在线课程定义为"通过网络表现的某门学科的教学内容及教学活动的总和"，何克抗认为在线课程是为了达到既定培养目标所需要的全部教学内容与教学计划[①]；二是以"学"为中心的课

---

①　何克抗. 现代教育技术和优质网络课程的设计与开发 [J]. 中国电化教育，2004（6）：5-11.

程观,如穆肃等认为在线课程要以学习者为中心,调动学生的高阶思维,有效引导学生在线学习中深层次学习的实践①,赵丽提出要突出以学习者为中心的在线课程开发理念,将学习者纳入在线课程建设者的群体中②。基于这些研究,可以认为在线课程是基于互联网技术支持和全新教与学关系下的针对某门学科而展开的教学科目、教学活动和教学过程的总和。

## 二、在线课程的发展历程

在线课程与传统课程主要有两点不同之处:一是学习的载体不同,二是学习的环境不同。传统课程的学习载体主要是学生,在线课程的学习载体除了学生外,还包括社会大众;传统课程的学习环境主要是教室和纸质书本,在线课程的学习环境主要是互联网。

在线课程最早起步于美国。早在1996年,美国在得克萨斯等10个州建立了虚拟大学,学习者通过在线学习的办法,使用计算机学习虚拟大学的网络课程,并通过在线考试获得学位,这标志着网络教育的正式开始。迄今为止,在线课程发展经历了在线课程萌芽阶段(E-Learning)、开放教育资源阶段(Open Education Resource)和在线开放课程阶段(MOOC、SPOC、MPOC等)三个阶段的发展历程。

当前,针对MOOC、SPOC、MPOC等的研究较多。一些学者梳理了MOOC的产生、发展及现状,研究表明MOOC对于高等教育来说既是机遇也是挑战。陈永平提出为了适应产教融合需求,高职传统教学、MOOC、SPOC应发挥各自优势,形成融合教学设计的优势③。常李艳等的研究发

---

① 穆肃,王孝金.参与和投入而非肤浅和简单——在线学习中的深层次学习[J].中国远程教育,2019(2):17-25,92-93.

② 赵丽.在线课程开发:从资源"共享学习"到智慧"共生跃迁"[J].电化教育研究,2016,37(11):67-74.

③ 陈永平."互联网+"环境下高职传统教学、MOOC与SPOC融合教学质量评价指标体系构建[J].职教论坛,2019(7):64-72.

现，MOOC辍学因素包括个人、心理、课程、社会等方面[①]。陶磊等认为思想政治理论课教师客观主义知识观直接阻滞了其个人知识的出场，教师"以学生为中心"个人认知的价值错位大大消解了SPOC研究生思想政治理论课教师的话语权威，重线上教学的"人机关系"轻线下教学身体在场的"师生关系"，遮蔽了教师教学自身知识的价值，并提出思想政治理论课教师需要重新省思个人知识的内涵和价值，进而对现有的客观主义知识观进行转型，以生成式的教学思维发挥个人知识的价值，不断学习和通过行动以实现个人知识在SPOC研究生思想政治理论课中的教学价值[②]。

不少学者对在线课程的建设思路展开了研究。有学者提出在线课程由教学设计、学习活动、教学资源、学习支持、技术支持、学习评价与反馈六大核心要素构成[③]。王卫军等分析得出在线课程在开发和设计过程中存在以下问题：忽略文化背景差异、互动形式单一、忽视有效教学的特征、缺乏对学习者的情感关注[④]。梁存良等以学习设计规范中的学习单位为基本框架，构建了具有匹配学习需求、智能导学等特点的自适应学习单元[⑤]。郑燕林等提出实施课程思政过程中，应以挖掘思政元素为核心，以专业知识学习为主线，以激发内生动力为重点，以教师角色转换为关键[⑥]。

---

① 常李艳，刘婧，黄崇. MOOC辍学研究：近20年文献的系统分析[J]. 图书馆论坛，2021，41（11）：38-51.

② 陶磊，朱唯星. SPOC研究生思想政治理论课的教学之思——基于教师个人知识的分析[J]. 黑龙江高教研究，2021，39（10）：113-119.

③ 黄荣怀，曾兰芳，郑兰琴. 关于我国大学本科教学方法变革的趋向研究——基于国家精品课程的抽样分析[J]. 电化教育研究，2010（5）：84-90.

④ 王卫军，杨薇薇，邓茜，等. 在线课程设计的原则与理念思考[J]. 现代远距离教育，2016（5）：54-60.

⑤ 梁存良，张修阳，邓敏杰. 在线课程中自适应学习单元的构建与设计[J]. 教学与管理，2018（9）：96-98.

⑥ 郑燕林，任增强. 落实课程思政的策略与举措——以《教育传播学》课程为例[J]. 中国电化教育，2021（3）：46-51.

## 三、在线课程存在的问题

信息技术发展促使"互联网+教育"成为新一轮教育改革的重要方向，大规模在线开放课程和在线学习在全世界范围迅速兴起并得到普遍关注。在国家政策与外部市场力量的推动下，我国在线开放课程建设目标经历了从服务成人教育和继续教育，到促进优质资源共享和教育公平实现，再到变革课堂教学、倒逼教育模式改革三个重要发展阶段。时至今日，我国高校在线开放课程建设的速度和规模都成效显著。但客观地说，国内初具规模的在线开放课程在建设、推广、应用等方面与预期还存在一定差距。

国内在线课程由最开始的在线课程萌芽阶段（E-Learning）过渡到开放教育资源阶段（Open Education Resource），再发展到现在的在线开放课程阶段（MOOC、SPOC、MPOC等），在线课程已成为当下教学创新的重要力量。在线课程的研究主要集中在课程内涵、课程设计、课程开发、课程建设、课程实施及课程评价等方面。其中，课程设计研究是在线课程研究中最有活力的部分之一，它包括了课程理念、课程资源、课程内容、教学过程、学习环境、教学互交、课程设计反思等内容。当前在线课程设计主要存在着如下几个问题。

第一，课程设计模式程序化。当下流行的微课、MOOC的课程设计一般为程序性教学模式。程序性教学模式侧重课程资源的开发、知识点的分解、作业与测试的发布，并能快速反馈学习者学习任务的完成情况。程序性教学模式的优缺点都较为明显，优点是能有效传播结构化知识，缺点是不利于开展非结构化知识的学习，难以调动和培养学习者的高阶思维，较难满足学习者的个性化学习需求。

第二，课程黏性不足。"黏性"为流体力学名词，近年来逐渐应用于教育学领域。"黏性学习"是智慧学习环境下的一种学习模式，指学习者在持续性学习意愿的内在动力下，与具有高度自黏性的学习资源之间产生了亲和力，在动力和亲和力的双重作用下，促使学习活动发展为深度学习并实现有效迁移的过程。"黏性学习"有三大基础：一是学习者学习动力的激发,这是"黏性学习"的前提;二是学习资源的"自黏性",即学习资源的智能汇聚及智慧提供,这是"黏性学习"的技术和环境因素;三是学习者与学习资源之间通过高效互动所形成的亲和力,这是"黏性学习"的关键。部分在线课程由于未充分考虑如何激发学习者的学习动力,学习资源的"自黏性"不够,师生交互水平较低等原因,影响了"黏性学习"的实现,导致在线课程存在大量从未开展学习的"潜水者"、只接受学习资源单向传输的"被动参与者"、学习未完成却中途放弃的"停滞者"——这些现象体现了学习者在线学习体验的缺失。

第三,缺乏对学习者的情感关注。情感对学习者的在线学习效果有较大影响,积极的情感可以提高学习者的在线学习动机和毅力水平,从而提高在线学习效果,反之,消极的情感会降低学习者的在线学习效果和学习效率。在线课程缺乏对学习者的情感关注会导致学习者在学习过程中出现"情感缺失",这可能会使学习者在学习过程中面临一些学习障碍,譬如缺少学习计划、学习动机不强、学习目的不明确、毅力水平较低、学习时间投入较少、自我评价过低等。这些学习障碍会大大降低学习者的在线学习效果和学习效率,甚至导致学习者厌恶在线课程的学习。

当前,不少学者探讨了在线课程存在的问题。有学者提出当前职业院校在线教学过程中存在着评价内容维度不全、评价意识相对薄弱、评价方式较为单一、评价主体对教师与学生重视不足等问题[①]。王林平等认为思政课在线开放课程对促进思政课资源共享、推动新技术手段与思政课教学的融合起到了积极作用,但目前一些思政课在线开放课程存在教学视频内容刻板、风格雷同、形式单一等问题,且在线教学教与学的过程在时空上可能会发生一定程度的分离,为了解决这些问题,应充分利用在线教学平台统计数据,及时了解学生在线学习状况和意见建议,根据主客观条件选择适当的在线教学形式,充分发挥小规模专属在线课程在思政课在线教学

---

① 崔依冉,韩锡斌,周潜. 职业院校防疫期间在线课程教学质量评价的成效、问题及建议[J]. 教育与职业,2021(2):88-94.

中的价值,把讲授知识与价值引导融为一体,建设能够满足思政课实际教学需要、有特色、有吸引力的思政课在线课程[①]。聂建峰等认为应从学校内、外部两个方面统筹推进深化在线开放课程建设与管理应用:针对学校外部系统,应优化在线开放课程共建共享发展模式与合作机制;针对学校内部系统,应大力完善资源环境与配套政策建设,从而充分发挥在线开放课程在创新教育教学方式方法、提高教育教学质量和人才培养质量、促进优质资源共享和教育公平实现中的作用[②]。

## 第二节　基于 CiteSpace 的高职院校在线课程研究热点与趋势的知识图谱分析

党的十九大强调,"必须把教育事业放在优先位置,深化教育改革,加快教育现代化,办好'网络教育',办好人民满意的教育"。2020年2月4日,教育部发布的《关于在疫情防控期间做好普通高等学校在线教学组织与管理工作的指导意见》指出疫情防控期间各高校要依托校内网络学习空间、在线课程教学资源实现"停课不停教、停课不停学",保障在线学习与线下教学具有同等的教学质量。由于疫情影响,2020年各省高校均延迟开学时间,为保障"停课不停学",各高校积极开展形式多样的线上教学活动。线上教学指利用现代化技术手段,以班级为单位,以"录播+线上答疑"或"直播+线上答疑"为主要形式所开展的教学活动。在线课程是推动我国高等教育教学改革的重要力量。在线教学与传统教学共存并深度融合,已成为新时期我国高职院校教学的"新常态"。

---

[①] 王林平,高云涌.对思政课在线开放课程现状与改进方向的思考[J].思想政治教育研究,2020,36(6):80–83.

[②] 聂建峰,蔡佳林,徐娜.我国高校在线开放课程建设与应用的问题分析和改进策略[J].国家教育行政学院学报,2020(4):60–65,79.

## 一、数据来源和研究方法

本书的数据检索来源为中国知网文献数据库，选择高级检索，以"高职"及"在线课程"为主题词进行检索，发现相关研究最早出现于2009年，且2009年的相关文献仅有3篇，基本不具有对高职在线课程研究的影响价值，故检索时间段确定为2010—2020年（截至2020年12月31日）。数据采集时间为2021年2月26日，共检索到739篇文献，剔除目录、征文、新闻稿等非直接相关文献后，最终提取文献728篇。在运用文献计量方法展示文献的时间分布、机构分布、期刊分布、作者分布和关注度分布的基础上，使用CiteSpace软件进行可视化分析，探索我国高职院校在线课程的研究热点和研究前沿，然后根据关键词共线分析研究关键词热点及发展趋势对我国高职院校在线课程进行主题分类和综述评价，最后探讨我国高职院校在线课程存在的问题及解决方法。CiteSpace诞生于2003年，是一款基于Java语言开发的，通过寻径网络算法和共引分析理论对文献进行计量分析的可视化软件。本章将使用CiteSpace5.6.R4版本对2010—2020年间我国高职院校在线课程相关文献进行计量分析与图谱分析。在知网上将符合要求的文献以RefWorks格式进行下载保存，文献信息包括论文题目、作者、关键词、摘要、发表时间、发表期刊等。在CiteSpace上的Data选项上对RefWorks格式文本进行转换后方可进行到可视化分析阶段。

## 二、高职院校在线课程研究的分布状况分析

### （一）高职院校在线课程研究的时间分布

图2-1是对2010—2020年间我国高职院校在线课程研究领域的发文量统计。从图2-1可以看出，根据发文量随时间的变化形势，我国高职院校在线课程研究可以分为三个阶段：第一阶段为2010—2013年的萌芽期，高职院校在线课程相关研究零星见刊；第二阶段为2014—2015年的初创期，文献数量相对于萌芽期有所增加，每年发文数量在20篇左右；第

三阶段为 2016—2020 年的上升期，论文发表数量增长较快，最高时达到 2020 年的 273 篇。

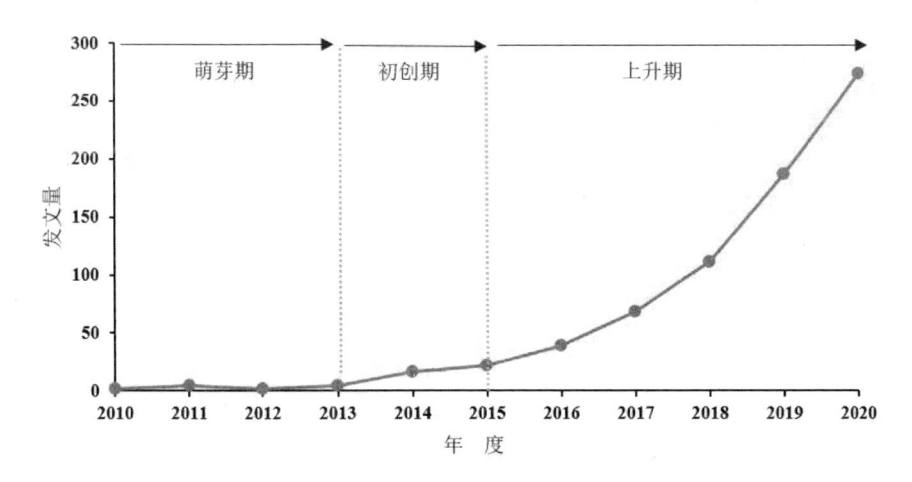

**图 2-1　2010—2020 年我国高职院校在线课程研究领域发文量**

### （二）高职院校在线课程研究的发表机构、期刊与作者分布

发表机构分布方面，2010—2020 年高职院校在线课程相关文献的发表机构绝大部分为高职院校。其中，常州纺织服装职业技术学院是发文量最高的机构，一共发表相关文献 14 篇，紧随其后的是常州信息职业技术学院（13 篇）、哈尔滨职业技术学院（9 篇）、江苏建筑职业技术学院（9 篇）、扬州职业大学（9 篇）、无锡商业职业技术学院（8 篇）、江苏食品药品职业技术学院（8 篇）等。

发表期刊分布方面，2010—2020 年高职院校在线课程相关文献刊载在 318 本期刊上。《电脑知识与技术》《教育现代化》《智库时代》《教育教学论坛》《河北职业教育》《职业教育（中旬刊）》《职教论坛》《职业技术教育》《科教导刊（上旬刊）》等是高职院校在线课程相关文献发文量较多的期刊。

作者分布方面，2010—2020 年高职院校在线课程研究领域尚未形成领军人物，历年来发文量最多的学者是潘丽萍（7 篇），其次是钱华生（4 篇）、李敏（3篇）、李玲（3篇）、何见平（3篇）、潘丽萍（3篇）等。

### （三）高职院校在线课程研究的关注度分布

图 2-2 统计了 2010—2020 年高职院校在线课程研究领域各年度文献的最高被引次数与最高被下载次数，从中可以看出，高职院校在线课程关注度随时间的变化趋势可以分为三个阶段：第一阶段是 2010—2013 年的低迷期，高职院校在线课程研究的各年度最高被引次数均小于 3 次，最高被下载次数均在 80 次左右；第二阶段为 2014 年的陡然上升期，高职院校在线课程研究的关注度在 2014 年达到峰值，最高被引次数和最高被下载次数分别高达 177 次和 4561 次；第三阶段为 2015—2020 年的平稳期，高职院校在线课程研究的关注度自 2015 年开始回落，2015—2020 年的各年最高被引次数均在 20 次左右，最高被下载次数均在 1000 次左右。

年度最高被引和最高被下载为同一文献，该文献的研究主题在一定程度上能反映研究领域的热点问题。从图 2-2 可以看出，2010—2020 年我国高职院校在线课程研究领域年度最高被引和最高被下载为同一文献的共有 3 篇，这 3 篇文献分别是《慕课背景下高职英语教学改革初探》《高职院校 SPOC 课程建设研究》和《高职会计专业在线课程建设探究——基于翻转课堂的 SPOC 线上线下混合教学模式》。从这 3 篇文献的研究主题来看，2010—2020 年我国高职院校在线课程研究的热点问题为 MOOC、SPOC、高职英语、翻转课程、混合式教学等。

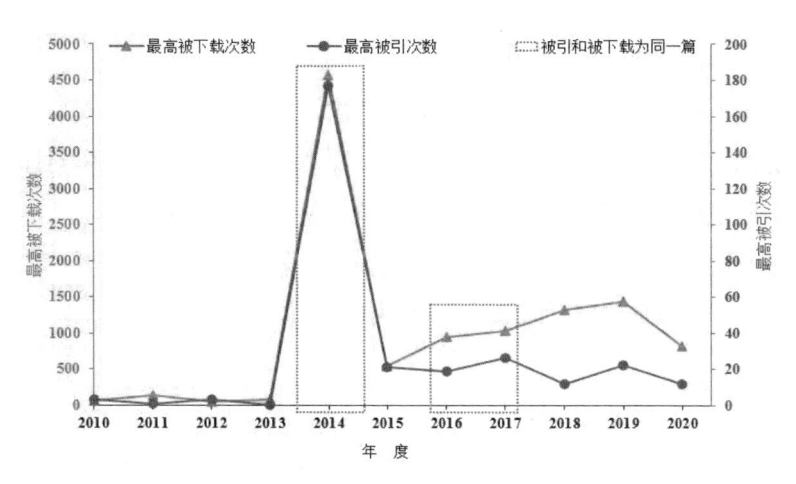

图 2-2  2010—2020 年我国高职院校在线课程
研究最高被下载和最高被引文献统计图

## 三、高职院校在线课程研究的重点内容与发展趋势分析

### (一) 关键词词频分析

中心度可以说明关键词在共词网络中的影响力，中心度大于 0.1 的关键词是某研究领域的研究热点。表 2-1 是通过 CiteSpace 得到的 2010—2020 年我国高职院校在线课程研究领域中心性大于 0.1 的高频关键词。结合关键词的词频和中心性可以得知，混合式教学、MOOC、高职英语等是高职在线课程研究领域的研究热点。

表 2-1  2010—2020 年我国高职院校在线课程研究中心性大于 0.1 的
高频关键词统计表

| 关键词 | 频数 | 中心性 |
| --- | --- | --- |
| 在线开放课程 | 167 | 0.29 |
| 高职院校 | 131 | 0.36 |
| 在线课程 | 104 | 0.21 |
| 高职 | 72 | 0.14 |
| 高职教育 | 51 | 0.11 |
| 混合式教学 | 48 | 0.11 |
| MOOC | 40 | 0.11 |
| 高职英语 | 31 | 0.10 |

## （二）关键词趋势分析

使用 CiteSpace 得到 2010—2020 年我国高职院校在线课程研究时区图谱，如图 2-3 所示。图 2-3 从时间维度上展现了 2010—2020 年每年新出现的高职院校在线课程研究主题。在时区图中，关键词的字体越大代表该词的中心性越高，也就说明该关键词越重要。从图 2-3 可以看出，2017 年以来的热点关键词为混合式教学、精品在线开放课程、金课、线上教学等。

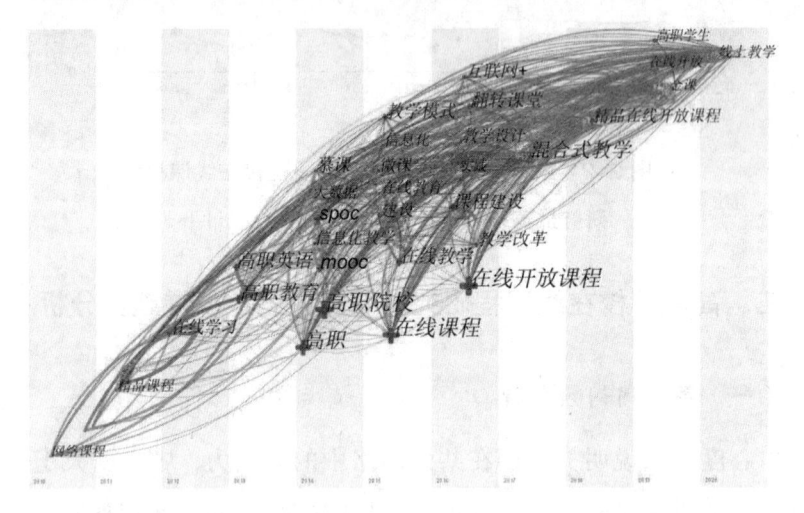

图 2-3　2010—2020 年我国高职院校在线课程研究时区图

## （三）关键词突变分析

那些频次不高但突现性很强的热点主题无法通过时区图谱反映出来，所以要进一步进行关键词突变分析。CiteSpace 可以通过考察词频，将某段时间内频次变化率高的词从大量的主题词中探测出来，这样的词称为突现词。2010—2020 年我国高职院校在线课程研究的突现词共有 4 个，分别是网络课程、MOOC、SPOC、翻转课堂。

## 四、高职院校在线课程研究的热点与趋势及学者主要观点

结合计量分析和图谱分析，可以得知，我国高职院校在线课程领域的

研究热点主要集中在混合式教学、MOOC、SPOC、高职英语、翻转课堂等方面。同时，混合式教学、精品在线开放课程、金课、线上教学等是我国高职院校在线课程研究的前沿领域。围绕高职院校在线课程领域的研究热点与研究前沿，学者们展开了一系列研究，现将其归纳为以下几点。

### （一）关于在线课程发展历程的研究

我国远程教育开始于新中国成立后，可以分为三个阶段：第一阶段是20世纪50年代初开始的函授高等教育阶段；第二阶段是20世纪60年代初开始的广播电视高等教育阶段；第三阶段是改革开放后以网络技术和信息技术为基础的网络教育阶段。严格来说，我国的网络教育起步于1998年教育部批准清华大学等高校成立我国首批现代化远程教育试点高校。直到2012年，我国开始积极建设在线课程。国内在线课程的发展同样也大致经历了三个阶段：第一阶段是2000—2007年的网络课程建设阶段，网络课程和多媒体课件为网络教育提供了主要的课程资源；第二阶段是2008—2012年的精品课程建设阶段，国家级、省级、校级精品课程为网络教育提供了优质的教学资源；第三阶段是2013至今的"互联网+"在线开放课程建设阶段，MOOC、SPOC、微课、翻转课堂等形式多样的信息化教学手段更为频繁地出现在高职教学当中。

### （二）关于在线课程内涵的研究

当前国内外对于在线课程的概念尚未形成统一的界定，有关在线课程内涵的研究大致可以分为两类：一是以线上线下教学内容比例为标准进行界定的课程观，如斯隆联盟（Sloan Consortium）认为在线课程指课程至少80%的内容通过在线方式完成[1]，又如丁兴富认为在线课程指教师和学习者的所有教与学活动在传统教学比重超过80%的网络远程教学课程[2]；二

---

[1] 耿益群. 美国高校在线课程教师绩效评价原则、途径及特点[J]. 比较教育研究，2013，35（11）：61-65.

[2] 丁兴富. 远程教育学[M]. 北京：北京师范大学出版社，2009：97.

是以"学"为中心的课程观,如穆肃等认为在线课程的核心元素是强调以学习者为中心,突出学习者的主导地位,积极调动学生的高阶思维[①],又如一些学者提出要以学习者为中心开发在线课程,关注学习者的在线学习体验,强调学习者的主体性与深度参与。

### (三)关于我国高职院校在线课程教学形式的研究

近年来,我国高职院校将技术融入教学中,积极探索形式多样的在线课程教学形式,摸索出了 E-learning、MOOC、SPOC、翻转课堂、精品在线开放课程、微课、金课、录播+线上答疑、直播+线上答疑等在线课程教学形式。这些教学形式特色鲜明,对促进高职院校在线课程发展具有重大意义。2014年起,开始出现较多关于高职院校 MOOC、SPOC 的相关研究,如陈永平提出要对接高职课程教与学的实际要求,从学生学习需求、教学模式、产教融合、线上线下教学资源整合等方面进行 MOOC、SPOC 设计,以促进高职在线课程教学质量[②]。戴勇从 2017 年国家精品在线开放课程认定工作入手,分析高职慕课建设应用存在的问题及成因,提出应结合高职专业教学资源库项目开发精品慕课,同时开展高职慕课建设应用长效机制研究等建议[③]。余丽霞等在高职英语教学中使用翻转课堂混合教学方式,教学实践表明该教学模式促进了数字化教学资源的建设和共享,提升了高职学生自主学习能力,提高了高职教学质量[④]。杨璐等认为疫情防控期间高职院校线上教学的主要特征为直播与录播的灵活交替、系统集成的颗粒化教学活动、移动互联网时代的媒介融合,高职院校线上资源建设应从重

---

① 穆肃,王孝金. 参与和投入而非肤浅和简单——在线学习中的深层次学习[J]. 中国远程教育,2019(2):17-25,92-93.

② 陈永平. 高职在线课程与课程体验融合教学设计:运行状况、质量逻辑与提升途径[J]. 中国职业技术教育,2020(32):11-18.

③ 戴勇. 高职国家精品在线开放课程建设的思考[J]. 中国职业技术教育,2018(5):52-55.

④ 余丽霞,刘芬,李慧君. 基于翻转课堂的高职英语新型混合教学策略[J]. 教育学术月刊,2018(11):104-111.

数量转为重质量，并健全教学质量监控体系①。

**（四）关于我国高职院校在线课程存在的问题及解决方法探析**

与传统教学相比，在线课程具有天然优势，例如在线学习资源丰富、信息量大、覆盖面广、不受时间和地域等因素限制，学生具有较大的主动权等。与此同时，高职院校在线课程也存在着一些问题，例如教学准备不充分、教学设计欠佳、优质教学资源数量不多、教学监督缺失、缺乏统一评价标准、部分教师网络教学能力较差、教学质量不佳、教学反思缺位、教学软件过多等。在线教学呈井喷式发展的当下，教师从传统意义上的"权威者"到现在在线课程中"引导者"的角色转变给其带来了较大压力和心理焦虑。一方面，设计在线课程、搜集和准备在线教学资料、课堂内教学互动、课后教学支持与服务、课后作业线上检查与批改、课后线上答疑等导致教师整体工作量大幅度提高；另一方面，不少教师担心自己在线课程的"教学表演"能否让学生"入戏"和"好评"。对于高职学生群体而言，他们普遍学习基础较差、自律性较低，加之在线课程缺少教师的监督，导致高职学生在线学习时经常出现注意力不集中、学习效率差、学习体验差等问题。针对这些问题，不少学者提出了解决方案，如陈永平提出要从高职院校的课程特色与学情特点出发，注重在线课程的质量分析与管理，关注学生在线课程体验，实现在线课程体验与课程教学质量的完美结合②。王伟毅等认为高职院校在线学习实效评价存在全面系统性不足、客观可测性不足、动态发展性滞后等问题，在此基础上构建了"课前、课中、课后"三阶段学习实效评价结构框架，并构建了具体的评价指标体系③。

---

① 杨璐，江可. 疫情防控期间高职院校线上教学的现状、问题与反思[J]. 教育与职业，2020（13）：99-103.

② 陈永平. 高职在线课程与课程体验融合教学设计：运行状况、质量逻辑与提升途径[J]. 中国职业技术教育，2020（32）：11-18.

③ 王伟毅，顾至欣. 混合教学模式下高职在线开放课程学习实效评价指标体系构建与应用实践[J]. 教育与职业，2020（21）：85-91.

## 五、高职院校在线课程存在的问题与解决方式

### （一）在线课程教学质量有待提高

第一，教师信息化水平不高。作为在线教学的主体和引领者，高校教师应当提高自身信息化水平，熟练使用各种教学软件和手机APP，充分发挥网络在教学中的作用。

第二，学生学习过程缺乏监管，学习质量难以评估。如何提高学生线上学习的自主性？如何评估学生线上学习的学习质量？这些都是高校线上学习亟须解决的问题。

第三，基础设施建设不均衡。不同区域不同城市的基础设施建设存在较大差距，特别是经济欠发达地区的计算机硬件设施比较落后，信号传输设备水平较低，这大大影响了线上教育的教学质量。对于经济欠发达地区，国家应该在网络教育上给予相对较多的扶持，增加资金投入，改善网络设备，尽力提供技术和设备的支持。

第四，线上教学软件质量有待提高。高质量、功能完善的电脑软件和手机APP是开展优质线上教育的保障，我国现有的使用较多的免费在线教学软件有学习通、钉钉、云朵课堂、腾讯课堂、微师等，可以用来免费录课、剪辑的软件有Camtasia、OCAM录屏软件、EV录屏、快剪辑等，这些软件都各自存在一定的缺陷。当下应根据高校线上教学的需要，完善各类教学软件和手机APP，使之更好地为学校、老师和学生服务。

第五，线上课程标准化程度较低。高校中同一专业不同班级可能由不同老师授课，导致同一门课程的线上教学内容相差较大，学生无法准确判定该门课程的重难点。应该从硬件和软件两个方面保障线上课程的标准化程度。硬件方面指的是标准化线上教学的技术手段，例如录制视频的时长、格式、分辨率、所需流量范围，以保证在技术标准化前提下，所有学生都能在规定教学时段内清晰流畅地完成学习。软件方面指的是线上教学内容的标准化，要求同一门课程在教学计划、教学重难点、课时数量、教学大纲、课后作业数量等方面保持一致。

## （二）在线课程教学资源有待拓展和充实

一是国家级、省级、校级精品在线开放课程数量有待提高，应全力提高各级别在线开放课程的数量与质量；二是不同专业类别的网络免费课程资源数量差异较大，且良莠不齐，应保障小众专业的课程资源数量和质量。

## （三）缺乏科学的在线课程教学评价体系

科学量化高校教师的线上教学水平有助于促进我国高校线上教育的优质发展。录屏教学中，学生通过观看老师提前录制好的教学视频进行学习，在这一过程中，如何评价教学视频的质量和教学效果，当前没有较为统一的标准。同样地，在直播教学中，如何评判教师的教学水准和学生的学习质量，当前也缺乏科学、统一的标准。如何量化教师的在线教学水平是一个亟须解决的问题。当前应当选择合适的统计评价方法，从过程性评价和学习质量评价两个维度科学构建高校线上教学的质量评价体系。作为新课程教学改革重点之一的过程性评价，它所关注的是学生探索、求知、努力的学习过程。针对高职学生线上学习过程中存在的时间管理不善、动力不足、目标缺失、学习方法不当等问题，我国各教育部门和高校应采取多元化评价方法及整合型评价机制来构建过程性评价体系。同时，在学习质量评价上，从到课率、课堂表现、课上练习完成情况、课后作业完成情况、课堂测验、期中期末考试等方面进行考察。

# 六、小结

近年来，我国高职院校在线课程发展已取得较大成就，有关高职院校在线课程的研究也取得了丰富的成果，相关文献的关注度也在逐步提高，但仍未形成具有较高学术影响力的研究机构和领军人物。我国高职院校在线课程领域的研究热点主要集中在混合式教学、MOOC、SPOC、高职英语、翻转课堂等方面，研究的前沿领域为混合式教学、精品在线开放课程、金课、线上教学等方面。"互联网+"趋势下，高职教学方式面临新的挑战和要求，高职院校应加大对在线课程领域的研究投入，促进在线课程与传统教学的融合，提升在线课程的教学质量。

## 第三节　大数据背景下高职人才培养方案的设计
## ——以某职业院校统计与会计核算专业为例

统计与会计核算属于财经商贸大类，入学要求是高中阶段教育毕业生或具备同等学力者，修业年限为三年，相关职业技能证书包括初级会计师证书、初级统计师证书、全国市场调查与分析专业技能（CRA）证书、智能财税职业技能等级证书（初级）等，主要就业岗位为统计信息管理、数据分析、调查分析、出纳、会计核算、财务管理与分析等，主要发展岗位为会计主管、数据统计高级专员等。

统计与会计核算专业适应经济社会转型升级及数字商务蓬勃发展需要，培养理想信念坚定、德智体美劳全面发展，具有较强的统计理论基础、较强的统计思维、良好的人文素养和良好的职业道德及创新创业能力，传承敢为人先、经世致用的商业文化和精益求精的工匠精神，掌握统计学、会计学专业基础知识，熟悉统计技术、会计方法及相关法律、法规，具备统计信息管理、数据分析、调查分析、出纳业务处理、会计核算和财务管理与分析等专业技能，面向会计、审计及税务服务等行业，能胜任企事业单位统计与会计工作，"擅统计、精财务"的高素质技能型复合人才。

### 一、培养规格

为适应大数据时代及新技术形势下行业企业对统计、会计人员的实际需求，结合专业人才培养调研情况，基于本专业对应的主要岗位类别（或技术领域）分析，统计与会计核算专业毕业生应在素质、知识和能力方面达到以下要求。

## （一）素质要求

①坚定拥护中国共产党领导和我国社会主义制度，在习近平新时代中国特色社会主义思想指引下，践行社会主义核心价值观，具有深厚的爱国情感和中华民族自豪感；

②崇尚宪法、遵法守纪、崇德向善、诚实守信、尊重生命、热爱劳动，履行道德准则和行为规范，具有社会责任感和社会参与意识；

③具有正确的世界观、人生观、价值观，具有良好的职业道德和职业素养，具有良好的身心素质和人文素养；

④具备较强的竞争意识、自我控制能力和团队合作能力，具备诚实守信的统计职业道德和爱岗敬业精神。

## （二）知识要求

①掌握必备的思想政治理论、科学文化基础知识和中华优秀传统文化知识；

②掌握心理健康知识、创新创业知识、职业发展与就业知识、会计职业素养；

③熟悉岗位职责与要求，正确执行有关的财经方针、政策、法律、法规、准则、制度；

④掌握经济、财政、税务、金融、统计、企业管理等基础知识；

⑤掌握统计学、市场调查与分析、Excel在统计中的应用、统计数据整理、统计数据分析、统计监督、统计预测与决策等专业知识；

⑥掌握会计实务、经济法、纳税实务、管理会计、会计信息系统应用、成本核算与管理等专业知识；

⑦掌握资金时间价值、投资管理、筹资管理、营运资金管理等财务管理与分析知识。

## （三）能力要求

①统计信息管理能力：具备统计信息管理岗位工作能力，能够运用

Excel 或者 SPSS 等统计软件对所掌握的统计数据、资料进行描述性统计分析；能够运用 Excel 或者 SPSS 等统计软件对所掌握的统计数据、资料进行推断性统计分析，比如对经济现象进行单样本 T 检验、独立样本 T 检验、单因素方差分析以及进行相关分析和回归分析等；

②数据分析能力：具备统计整理、分析的能力，能对杂乱无章的原始数据进行统计分组，正确计算反映数据集中趋势的平均指标，以及反映数据离散程度的标志变异指标，通过计算样本指标推断相应总体指标数值等；对于动态数列，能够准确计算相对指标，熟练运用各种水平指标和速度指标分析时间序列，并进行统计预测；

③调查分析能力：具备市场调查设计、数据挖掘能力，能够根据具体实践项目准确分析调查目的，制定统计调查方案，能够根据调查对象、内容和方法设计调查问卷，能够根据调查对象设计抽样方案；

④出纳业务能力：具备出纳岗位工作能力，能够办理现金收付和银行结算业务，能够编制收、付款凭证，根据收、付款凭证逐笔顺序登记现金日记账和银行存款日记账，能够完成余额调节表的编制，具有较强的数字运算能力；

⑤会计核算能力：具备会计核算能力，能准确进行会计要素的确认、计量和报告，能够进行企业日常业务的会计处理，熟练进行会计凭证审核与编制、账簿登记以及报表编制；

⑥财务管理与分析能力：具备财务管理与财务分析能力，能够根据企业业务资料和相关财务指标，分析企业现在的财务状况，预测未来的发展趋势，对投资管理、筹资管理、营运资金管理等进行决策。

## 二、课程设置

统计与会计核算专业的课程分为五个模块：公共基础课程模块（必修、限选、选修）、专业基础课程模块、专业核心课程模块、专业拓展选修课程模块、专业集中实训课程模块。具体如图 2-4 所示。

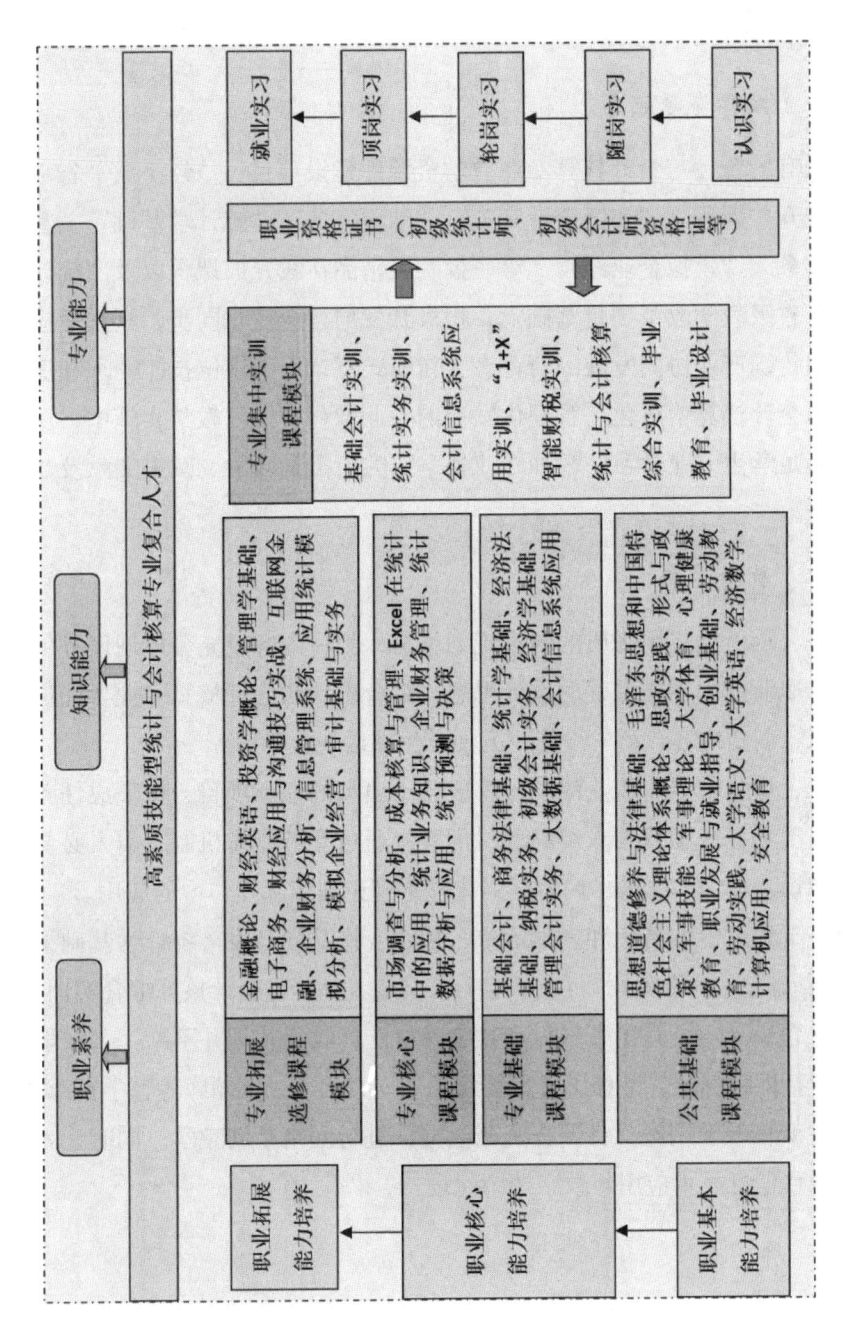

第二章　大数据在高职院校在线课程建设中的应用

图 2-4　统计与会计核算专业课体系图

## 三、专业教学资源

### （一）数字资源配备

在已有的统计与会计核算专业教学资源库建设项目、"经济法"省级精品在线开放课程、"初级会计实务""纳税实务""统计学基础""管理会计实务""模拟企业经营"等一批院级精品在线开放课程以及"统计学基础"省级教学改革项目基础上，积极开发与行业变化同步，真正适应大数据与传统产业协同发展的新业态、新模式背景下的岗位技能需求和适应统计、会计核算信息化、管理化发展的专业课程资源。教学实施中，认真选取满足学生专业学习、教师专业教学研究所需的教材、图书文献及数字教学资源。

### （二）教材要求

第一，尽可能选用优质的国家规划教材，教材内容应充分体现任务项目引领、职业能力导向课程的设计思想，结合统计与会计核算专业各岗位职业需求，创新内容，科学设计，方便学生课后线上学习。

第二，应将本专业职业活动分解成若干典型的任务项目，按完成任务项目的需要和任务项目要求组织教材内容。通过实务操作机制，引入必要的理论知识，增加实践操作内容，强化基本理论在实际操作中的应用。

第三，根据专业特色和教学需求，校企合作共同开发《统计学基础》《经济法基础》《纳税实务》《初级会计实务》《统计与会计核算综合实训》等教材（含讲义、公开出版教材和数字教材），收集整理并不断完善教学资源，包括课程标准、课程讲义、教学课件、案例库、试题库等教学资源，通过建立课程教学网站，将课程资源上网，进行网络互动教学。同时，大力开展现代信息技术应用与数字校园建设。

## 四、信息化教学手段的运用

重视数字化教学资源建设，发挥现代信息技术在专业课程教学中的作用，充分运用多媒体教学、网络教学等现代化的教学手段开展教学。

### （一）多媒体教学

专业课程校内教学活动均在统计与会计综合实训室或多媒体教室进行，所有统计与会计综合实训室与多媒体教室都与网络连接，实现教学的开放性和教学资源获取的广泛性。

### （二）网络教学

开发网络在线课程，包含课程授课计划、电子教案、教学课件、习题、案例、实训指导书、参考书目等教学资源。立项建设一批校级精品资源共享课，实现优质教学资源共享，为学生自主学习和教师交流提供一个远程统计与会计在线教育平台。

## 五、师资队伍

第一，按高等职业学校机构编制标准配齐专任教师，根据专业课教学需要配置一定比例的兼职教师，双师素质教师要求达到90%以上，生师比不高于25∶1。

第二，公共课教师应具有与任教课程对口的全日制本科及以上学历，并取得高校教师资格；有理想信念、有道德情操、有扎实学识、有仁爱之心；有较强的教学能力。

第三，专业课专任教师应具有与本专业对口的本科及以上学历，并取得高校教师资格；有理想信念、有道德情操、有扎实学识、有仁爱之心；具有扎实的本专业相关理论功底和实践能力；具有较强的信息化教学能力，能够开展课程教学改革和科学研究；有每5年累计不少于6个月的企业实践经历。

第四，专业教学团队中有一定比例的兼职教师，兼职教师应是本区域或本行业的现场专家，具有扎实的专业知识和丰富的实际工作经验，能承担专业课程教学和实习实训指导等教学任务；兼职教师以承担实践教学与实习指导任务为主。

第五，实习指导教师应具有与本专业对口的专科以上学历，并取得专业职业资格。

## 六、教学设施

### （一）专业教室基本条件

一般配备黑（白）板、多媒体计算机、投影设备、音响设备，互联网接入或 WiFi 环境，并具有网络安全防护措施。安装应急照明装置并保持良好状态，符合紧急疏散要求、标志明显、保持逃生通道畅通无阻。

### （二）实习实训室

校内实训实习必须具备基础会计、智能财税、会计信息系统应用、统计电算化、统计与会计综合实训等实训室。同时，通过校外实训基地建设，进一步加强与企业、行业和社会及经济实体间的联系和合作，互惠互利，共同发展。积极联系并建设可接纳学生顶岗实习的实训基地，加强校企合作，力争形成"订单培养"或"现代学徒制"培养模式。提供实习岗位，配备相应数量的指导教师对学生实习进行指导和管理，承担对"双师型"教师的培训。实习基地有保证实习学生日常工作、学习、生活的规章制度，有安全、保险保障。学校、学生和企业三方应就实习权利、义务和责任签订专门协议，就顶岗实习的岗位安排、实习期限、实习内容、制度约束、成绩考核、工伤事故、争议协调等方面做出明确的约定。

## 第四节 大数据背景下高职课程标准的设计
## ——以"Excel 在统计中的应用"为例

### 一、课程性质与任务

#### （一）课程性质

"Excel 在统计中的应用"课程是针对统计与会计核算专业开设的一门必修专业课，基于统计与会计核算专业毕业生就业的相关工作任务中 Excel 应用的基本要求实施课程开发。该门课程的教学目标是让学生掌握如何使用 Excel 软件进行数据整理和分析，培养学生具备较好的统计信息系统应用水平和实践操作能力。

#### （二）课程任务

"Excel 在统计中的应用"课程是一门实践性很强的应用型课程，旨在培养学生的信息化统计核算岗位工作能力，学生通过学习既要懂得统计信息化的基本理论，又要熟练掌握统计信息化岗位的技术。"Excel 在统计中的应用"课程以就业为导向，根据高职院校学生的特点和认知规律，在企业行业专家对统计与会计专业所涵盖的岗位群进行任务与职业能力分析的基础上，遵循工作过程系统化的课程开发思路，根据统计员岗位涉及的信息搜集与整理及对数据的统计分析，合理设计教学单元，以实际案例入手，采用以任务驱动的项目教学法。通过工作任务整合相关知识和能力，融"教、学、做"为一体，注重对学生职业能力、职业技能和职业道德的训练和培养，提升学生的岗位适应能力。

"Excel 在统计中的应用"课程的作用是使学生掌握统计信息化的基础知识和基本技能，掌握通用统计软件主要功能模块的操作方法和技巧，学会运用计算机来整理和分析数据，具备实际工作所需的统计电算能力，培养能服务地方经济建设的高素质技术技能型人才。

"Excel 在统计中的应用"课程前导课程有"统计学基础""计算机应用""市场调查与分析"等。学生已经具备基本的 Windows 操作、文字处理、排版等基本技能,已掌握统计学基础知识及 Excel 的基本操作。"Excel 在统计中的应用"课程通过结合统计工作中的案例,把 Excel 技能知识融入案例解决方法中,为统计与会计核算专业学生毕业后走上专业工作岗位熟练地运用 Excel 完成工作任务打下了良好的基础,同时充分体现 Excel 在统计工作中的重要性。"Excel 在统计中的应用"课程的后续课程包括"统计电算化""统计预测与决策"等。

## 二、课程核心素养与课程目标

### (一)课程核心素养

"Excel 在统计中的应用"课程将统计与会计核算专业人才培养目标贯穿于课程中,以统计信息化能力培养为核心,指导学生完成数据收集、数据整理、数据分析,并将实践性、开放性、职业性融于课程教学中,提高学生的统计电算化职业技能。"Excel 在统计中的应用"课程核心素养主要包括良好的职业道德、统计专业技术能力和计算机操作能力、终身学习能力三个方面。

第一,培养学生良好的职业道德。在日常教学中,可以潜移默化中提升学生的统计职业道德。借助教育教学改革的大潮,提升学生的职业道德品质,在教学中不断进行渗透。

第二,培养学生统计专业技术和计算机操作能力。统计与会计核算专业的学生应具备优秀的计算机操作能力。例如在精通统计业务的基础上能够借助计算机来进行数据收集、数据整理、数据分析。在实训操作、仿真实践以及岗位实践中提高职业核心素养中的专业技术能力和计算机操作能力。在学生计算机操作能力的培养中,要不断适应社会发展形势,优化大数据背景下统计与会计核算专业知识的教学内容,提升计算机操作知识的比重。

第三,学生终身学习能力的培养。学习能力是互联网背景下统计与会计核算专业学生的重要素养。教师教学中要有意帮助学生培养危机意识,激发学生主动学习的能动性和探究能力,树立终身学习的理念。

(二)课程目标

1. 总体目标

"Excel 在统计中的应用"课程的总体目标是通过本课程的学习,让学生充分认识到 Excel 在统计工作中的重要性,培养学生在统计工作中运用统计工具提高工作效率的良好习惯,为学生走上工作岗位后运用 Excel 进行数据整理和分析打下良好的基础。

本课程的基本要求是:该课程具有很强的实践操作性,教学过程主要采用案例教学、任务驱动教学方法,引导学生自主学习,提高学生操作的熟练程度及知识点的掌握程度。课程考核包括平时过程考核、期末操作技能考核两部分;主要教学场所为机房;任课教师应具有扎实的统计学理论知识和丰富的应用 Excel 软件实现统计分析的实践经验。

2. 具体目标

根据高职统计与会计核算专业人才培养方案及教学计划的要求,本课程应该达到以下教学目标。

(1)素质要求

①具有保持持续学习、不断更新专业知识的意识;

②具有严格执行统计相关法律法规的工作态度和良好的职业道德;

③初步具有统计信息化的观念和思维方式;

④具有团队协作精神。

(2)知识要求

①了解统计软件的发展趋势,熟悉统计软件的操作方法;

②熟悉我国财政部门对单位使用的统计软件、统计档案保管等统计信息化工作做出的具体规范;

③掌握 Excel 软件中进行数据分析的各主要功能模块的操作要求;了

解统计信息化的相关法律法规和管理制度；了解描述性统计分析的基础知识；了解 Excel 中的统计相关函数；了解参数估计的基础知识；了解假设检验的基础知识；了解方差分析的基础知识；了解统计指数的基础知识；了解相关分析的基础知识；了解回归分析的基础知识；通过上机操作演示各数据分析模块的操作方法。

（3）能力要求

①能利用 Excel 中的函数、数据处理等功能对数据进行整理；

②能利用 Excel 对给定数据进行综合指数和平均指数的计算；

③能利用 Excel 中统计描述的方法，对给定的数据绘制统计图；

④能使用 Excel 完成参数估计，能对总体均值进行区间估计、计算必要抽样容量；

⑤能使用 Excel 进行假设检验，进行正态总体的均值检验、方差检验；

⑥能利用 Excel 方差分析工具进行单因素方差分析、无重复双因素方差分析及可重复双因素方差分析；

⑦能使用 Excel 相关分析工具进行相关分析；

⑧能使用 Excel 相关分析工具进行回归分析。

## 三、课程结构

根据"Excel 在统计中的应用"课程目标，确定课程结构与学时安排。

### （一）课程模块

教学内容包括 Excel 的数据处理功能、统计数据的采集和整理、统计数据描述、概率分布与抽样分布、参数估计、假设检验、方差分析、回归分析等内容。通过本课程的学习，使学生具备本专业技术技能型人才所必需的统计信息化基本知识、基本技能和职业素养，从而为学生就业和从业后的发展奠定基础。

## （二）学时安排

"Excel 在统计中的应用"课程的教学学时安排如表 2-2 所示。

表 2-2　教学学时分配表

| 序号 | 工作任务模块 | 理论学时 | 实践学时 | 合计 |
|---|---|---|---|---|
| 1 | Excel 数据与数据整理 | 6 | 6 | 12 |
| 2 | 常用统计指数 | 2 | 2 | 4 |
| 3 | 描述统计 | 4 | 4 | 8 |
| 4 | 参数估计 | 6 | 6 | 12 |
| 5 | 假设检验 | 4 | 4 | 8 |
| 6 | 方差分析 | 4 | 4 | 8 |
| 7 | 相关分析 | 2 | 2 | 4 |
| 8 | 回归分析 | 2 | 4 | 6 |
| 9 | 机动 | 2 | 0 | 2 |
| 10 | 合计 | 32 | 32 | 64 |

## 四、课程内容

"Excel 在统计中的应用"课程建议使用 Office 2010 及以上版本进行教学，本课程与企业对统计实务专业学生 Excel 应用的基本能力要求紧密结合，从各工作岗位的工作任务提炼案例，通过案例的学习，培养学生的 Excel 应用基本能力。该课程的具体内容与要求如表 2-3 所示。

表 2-3　课程内容与要求一览表

| 序号 | 工作任务模块 | 参考课时 | 课程内容 | 要求 | 活动设计 | 教学方法 |
|---|---|---|---|---|---|---|
| 1 | Excel 数据整理基本操作 | 12 | ①数据类型<br>②使用 Excel 收集、整理数据<br>③使用 Excel 进行数据整理 | 知识：<br>①理解总体和样本<br>②了解 Excel 中数据录入的方法<br>③掌握统计数据的排序<br>④掌握统计数据的筛选<br>⑤掌握统计数据的分类汇总<br>⑥掌握数据透视分析<br>技能：<br>①熟练掌握在 Excel 中录入调查数据，会对录入的数据进行基本的整理操作<br>②掌握数据的审核、筛选、排序、汇总等基本操作，能根据调查的目的整理数据<br>③能熟练使用数据透视表和数据透视图 | 数据整理实训 | 案例教学＋情景互动 |

续表

| 序号 | 工作任务模块 | 参考课时 | 课程内容 | 要求 | 活动设计 | 教学方法 |
|---|---|---|---|---|---|---|
| 2 | 常用统计指数 | 4 | ①综合指数<br>②平均指数 | 知识：<br>①掌握综合指数的编制方法<br>②掌握平均指数的编制方法<br>技能：<br>①能利用Excel编制综合指数<br>②能利用Excel编制平均指数 | 指数编制实训 | 案例教学＋情景互动 |
| 3 | 描述统计 | 8 | ①数据描述<br>②使用Excel进行数据初步分析<br>③使用Excel进行数据统计描述 | 知识：<br>①掌握数据描述的图表方法<br>②掌握数据描述的数字方法<br>技能：<br>①能使用Excel对数据进行频数分析<br>②能使用Excel计算均值、众数等集中趋势指标<br>③能使用Excel计算标准差、四分位数离散趋势指标<br>④能使用Excel进行初步数据分析<br>⑤能使用Excel绘制直方图、箱形图和茎叶图 | 描述性统计分析实训 | 案例教学＋情景互动 |
| 4 | 参数估计 | 12 | ①常见的概率分布<br>②参数估计<br>③使用Excel进行参数估计 | 知识：<br>①理解总体分布、样本分布及样本统计量的分布<br>②掌握参数估计中的一般方法<br>③掌握不同条件下的参数估计方法<br>技能：<br>①能使用Excel进行总体均值和总体比例的参数估计<br>②能使用Excel进行必要抽样容量的计算 | 参数估计实训 | 案例教学＋情景互动 |
| 5 | 假设检验 | 8 | ①假设检验的基本概念<br>②一个正态总体的统计假设检验<br>③两个正态总体的统计假设检验<br>④使用Excel做假设检验 | 知识：<br>①假设检验的基本思想和基本步骤<br>②掌握用Excel函数进行假设检验的基本方法<br>技能：<br>①能正确建立原假设与备择假设<br>②能使用Excel正确进行假设检验，并做出判断<br>③能使用Excel数据分析工具进行假设检验 | 假设检验实训 | 案例教学＋情景互动 |

续表

| 序号 | 工作任务模块 | 参考课时 | 课程内容 | 要求 | 活动设计 | 教学方法 |
|---|---|---|---|---|---|---|
| 6 | 方差分析 | 8 | ①方差分析基础知识<br>②使用Excel进行方差分析 | 知识：<br>①掌握方差分析的基本思想和操作步骤<br>②掌握单因素方差分析的方法<br>③掌握无重复试验的双因素方差分析的方法<br>④掌握可重复试验的双因素方差分析的方法<br>技能：<br>①能使用Excel进行单因素方差分析和双因素方差分析<br>②能使用Excel方差分析工具对数据进行分析 | 方差分析实训 | 案例教学+情景互动 |
| 7 | 相关分析 | 4 | ①相关分析基础<br>②使用Excel进行相关分析 | 知识：<br>①了解相关的基本概念<br>②理解相关分析的基本思想<br>③掌握相关系数的计算和显著性检验<br>技能：<br>①能用Excel函数求线性相关系数<br>②能用Excel相关分析工具对数据进行相关分析 | 相关分析实训 | 案例教学+情景互动 |
| 8 | 回归分析 | 6 | ①回归分析原理<br>②使用Excel进行回归分析 | 知识：<br>①了解回归分析的基本原理<br>②了解回归分析与相关分析的区别与联系<br>技能：<br>①能用Excel相关函数求回归方程<br>②能用Excel回归分析工具对数据进行回归分析 | 回归分析实训 | 案例教学+情景互动 |

## 五、学业质量

"Excel在统计中的应用"课程要求学生初步具有统计信息化的观念和思维方式，具有内部控制意识；具有团队协作精神；具备严谨、细致、认真、耐心的职业素养；具备逻辑与数据思维、应变能力；掌握统计基本知识和典型统计软件操作要求；具备信息化统计核算岗位的基本能力；能运用统计软件完成数据收集、整理与分析。

## 六、课程实施

### （一）教学要求

遵循"以学生为主体、教师为主导"的教学理念，采用任务驱动、角色扮演法开展教学，注重学生实践操作能力的培养；切实加强课程思政，培养学生良好的职业素养。以培养学生统计电算化应用能力为目标，设置基本技能训练、专项技能训练和综合技术应用能力训练，形成"Excel 在统计中的应用"课程实践教育教学的框架。理论教学以"够用"为原则，强调理论对实践的指导作用。任课教师应具有扎实的统计信息系统操作技能。

第一，突出以能力为本位的教学思想。在讲授理论知识的同时，强化"Excel 在统计中的应用"实践性教学环节，不断提高学生的实践能力和创新能力。

第二，坚持仿真式教学。实现仿真训练，"Excel 在统计中的应用"应选用工作场景中的典型案例进行教学，实现课堂学习与实际应用的零距离对接。

第三，充分发挥教师的主导性作用和学生的主体性作用。"Excel 在统计中的应用"教学过程中应注重"教"与"学"间的平等交流，构建教学相长、相得益彰的教学模式与氛围。

第四，提高教学或考试案例中的"容错"技巧。通用软件将大多数开发精力投入在操作警示与错误纠正功能中，如果按照完全正确的路径运行一个软件，那么操作者所接触的软件的内在功能将是非常有限的。因此，"Excel 在统计中的应用"课程教学中允许出错与纠错，具体做法是：一是让部分基础好、速度快的学生提前对后续课堂内容做探索性操作，允许出错并在后续讲解时有目的地列举其所犯的典型错误，传授纠正错误的方法，探讨避免出错的技巧；二是在模拟资料中植入一些非原则性的错误，让学生在操作实践中通过软件反应或异常结果发现错误，并更正错误。犯错与纠错的过程可以全面提升学生对通用软件的驾驭能力。

## （二）教师团队建设

### 1. 课程负责人

课程负责人应该熟悉统计学的理论知识和基本业务流程，具有中级职称（或中级职业资格）的"双师"素质教师，具有较高的 Excel 及相关软件的操作能力，懂得高职教育规律，具有丰富实践经验，教学能力强，在统计及相关领域有一定影响。

### 2. 主讲教师

具备爱国守法、爱岗敬业、关爱学生、教书育人、锐意进取的职业道德；具备较强的沟通能力和精益求精的工作态度；具备先进的教学理念和较强的课堂驾驭能力；具备教育科学理论修养、过硬的统计学专业知识、丰富的统计学相关工作经验；具备充沛的精力和良好的人际关系，身心素质合格。

### 3. 教师专业背景与能力要求

"Excel 在统计中的应用"课程的主讲教师需为具有本科及以上学历的双师型素质教师，在承担本课程教学的同时还能承担本课程的建设与改革。"Excel 在统计中的应用"课程的兼职教师需具有中级及以上技术职称，且在统计信息管理方面具有较强的实践能力。

## （三）课程考核评价

### 1. 课程考核成绩构成

课程考核由平时成绩、期末操作技能测试组成。"Excel 在统计中的应用"课程是一门实践性很强的专业核心课，该课程须采取灵活多样的考试制度和考核方法，如采取理论教学和实践教学相结合、理论考试和实践技能考核相结合的方式。

具体来说，"Excel 在统计中的应用"课程为考试课，考试形式为上机考试。课程考试包括平时过程考核和期末技能考试两部分，即平时成绩（占总成绩30%）+期末操作技能测试（占总成绩70%）。

①平时成绩占30分。平时成绩主要从学生上课纪律及考勤情况、学

习态度及参加讨论、回答问题、作业、平时测验、训练活动等方面进行考核。

②期末操作技能测试成绩占 70 分。具体的考核方案如表 2-4 所示。

表 2-4　课程考核方案

| 序号 | 考核内容 | 考核标准 | 考核方式 | 分值比例 |
| --- | --- | --- | --- | --- |
| 1 | 平时成绩 | 1. 迟到、早退一次扣分 0.5 分，旷课一次扣 1 分<br>2. 课堂与课外的学习积极性由教师酌情加分 | 考勤、课堂点名答问、课堂情况实施记录 | 30% |
| 2 | 期末操作技能测试 | Excel 数据整理、常用统计指数、描述统计、参数估计、假设检验、单因素方差分析、相关分析、回归分析 | 闭卷上机考试 | 70% |

2. 课程考核内容

课程的具体考核内容如下：

①使用 Excel 的函数、数据处理等功能对数据进行整理；

②使用 Excel 对给定数据进行综合指数和平均指数的计算；

③使用 Excel 进行描述性统计分析；

④使用 Excel 完成参数估计，能对总体均值进行区间估计、计算必要抽样容量；

⑤使用 Excel 进行假设检验，进行正态总体的均值检验、方差检验；

⑥使用 Excel 方差分析工具进行单因素方差分析、无重复双因素方差分析及可重复双因素方差分析；

⑦使用 Excel 相关分析工具进行相关分析；

⑧使用 Excel 相关分析工具进行回归分析。

3. 考核方案

（1）考核要求

①技能要求。能使用统计软件进行数据采集、数据整理、描述性分析、概率分布与抽样分布、参数估计、假设检验、方差分析、回归分析等。

②操作规范及职业素养要求。符合企业统计工作的基本素质要求（认真、细致、客观、整洁、谨慎、耐心）。事前做好准备工作，按要求正确使用计算机和统计软件，每次上机及考核时都能保持工作台面清洁、及时

清扫废弃杂物等。

（2）考核标准

"Excel 在统计中的应用"是一门实践性很强的专业课，采用实践重于理论的考核方法，以上机操作为主，充分采用现代化教学手段，培养学生的实践动手能力。采用 Office 2010 及以上版本的计算机进行上机实践技能考核，考核评价分为认知水平考核和运用能力考核。认知水平分为"了解"和"理解"等层次，运用能力主要指使用统计软件进行数据收集、整理与分析的能力。

（3）考核实施条件

"Excel 在统计中的应用"课程的考核实施条件如表 2-5 所示。

表 2-5　课程考核实施条件一览表

| 项目 | 名称 | 数量 | 单位 |
| --- | --- | --- | --- |
| 场地 | 统计电算化机房 | 1 | 间 |
| 设备 | 服务器 | 1 | 台 |
| | 客户端 | 60 | 台 |
| | 安装好 Office 2010 及以上版本 | 1 | 套 |
| 工具 | 草稿纸 | 若干 | 张 |

**（四）教学设备设施配备要求**

"Excel 在统计中的应用"课程的场地主要是统计电算化实训室，也可在教室结合教学内容进行。实训场地或教室要具备一般的教学功能，布置有投影、展示板等，以便进行展示与讲解。

需准备下列实训设施：多媒体教学设备，主要包括指导教师用计算机 1 台、液晶投影仪 1 台、服务器 1 台、学生机 60 台、局域网架构、交换机 4 台、千兆或百兆网速；主要的软件包括 Office 2010 及以上版本，多媒体教学软件 1 套，杀毒软件 1 套。

**（五）教材及参考资料要求**

1. 教材选取原则

"Excel 在统计中的应用"需采用以工作过程或工作任务为导向的项

目化教学，教材必须根据本课程标准选用。教材是体现教学改革思路和教学实践成果的最好平台，所选教材要具有实用性，活动设计具有可操作性，能使学生在各种活动中学会实际操作，并以完成任务的典型活动项目为驱动，将本专业领域的新要求、新知识、新方法及时纳入其中。建议选择以岗位能力培养为核心，以统计电算化工作岗位流程组织教学与实训，以理论与实践结合为主要手段的相关教材。

2. 参考资料的选择

参考资料的选择应当符合学生的认知规律和人才培养要求。参考资料的内容在注重统计电算化实际操作技能训练的同时，还应融入现有企业常用统计电算化软件的应用和案例。参考资料在形式上应适合高职学生的认知特点，文字表述要深入浅出、简明扼要，内容展现应图文并茂、突出重点。同时，应当将学生活动作为日常教学内容的重要组成部分，引导学生积极参与活动，促进学生在知识、技能、素质等方面的全面发展。

3. 推荐教材

①《Excel 在统计分析中的应用》，陈斌、高彦梅主编，清华大学出版社；

②《Excel 在统计分析中的应用》，商熠农主编，机械工业出版社。

4. 其他资源

统计电算化机房、统计软件、教学课件、教学挂图、教学视频、来自企业行业的制度与管理规范。

## 第五节　基于大数据背景及核心素养培育的高职在线课程改革——以统计学课程为例

党的十九大开启了优先发展教育、加速教育现代化及建设教育强国的新征程，我国职业教育迈向了一个新的发展阶段。具有大量性、高速化、真实性、高价值等特点的大数据技术为在线教学提供了无限可能。在这样一个新的历史起点上，高职院校必须重新审视办学定位，动态调整发展战略,重视优质在线课程的开发,大力开展精品在线课程建设。目前,作为财经类高职院校专业基础课程之一的统计学课程在教学内容、方法和手段等方面还存在着不少问题,很多教师仍旧把教学重点集中于概念的讲解和公式的推导,忽视了培养学生的实践能力和职业能力。《中国学生发展核心素养》提出,中国学生发展核心素养要以培养"全面发展的人"为核心。在"立德树人"的根本要求下,培育学生核心素养应作为在线课程设计的依据和出发点,满足学生个性化和多样化的学习需求,激发学生的学习积极性和能动性,并由此引领在线课程改革和育人模式变革,提升在线课程的育人功能和价值。

## 一、高职院校统计专业核心素养的内涵

### (一)核心素养的含义

我国界定的核心素养包括文化基础、自主发展和社会参与三个方面,其核心是"全面发展的人",具体分为以下六大要素:科学精神、人文底蕴、学会学习、健康生活、责任担当、实践创新[①]。高职学生核心素养的根本任务是"人的全面发展",其客观依据是个人发展和社会发展。2014年,教育部印发的《关于全面深化课程改革落实立德树人根本任务的意见》提出将研究探讨各阶段学生发展的核心素养体系,明确各学段学生应当具有的能够促进社会发展和自身终身发展的关键能力及品格。在不断推进"立德树人"的过程中,高职人才培养的理念必将逐步从关键能力过渡为核心素养。

### (二)高职院校统计专业核心素养内涵的界定

目前,学界尚未对高职学生发展的核心素养有明确定论,高职学生核心素养的相关研究不多,高职统计核心素养的相关研究更少。高职统计核

---

① 核心素养研究课题组. 中国学生发展核心素养[J]. 中国教育学刊,2016(10):1-3.

心素养应该落实在"立德树人"的根本任务中，以学生发展为本，丰富学生的统计知识，培养学生的统计能力和统计思维，让学生能从统计角度看问题，对所从事的工作能够合理地进行量化和简化。

## 二、高职院校统计学在线课程现状

### （一）教学内容陈旧

目前，虽然统计学教材种类繁多，但是专门针对高职院校的统计学教材不多。这些高职院校统计学教材普遍存在着诸如内容陈旧、理论讲述过多、案例较少、缺乏实践操作等问题。如此一来，便提高了高职院校统计学老师的教学难度，也进一步对授课老师在选择教学内容、提高学生学习兴趣、寻找经典案例等方面提出了更高的要求。

### （二）学生理科基础差

一般来说，进入高职院校学习的学生，其文化基础和学习能力的起点都比较低，数理知识基础更是薄弱。统计学课程与数学知识关系密切，没有一定的数学基础，难以理解统计学课程当中的概念、原理和公式。特别是当牵涉到一些较为复杂的计算时，学生们往往更是难以下笔，例如抽样误差和样本容量的计算、相关系数的计算、一元线性回归方程中参数的计算、参数估计等。因此，对于理科基础普遍较差的高职院校学生来说，想要学好统计学课程，必须付出更多的耐心和时间。如何在高职院校上好统计学在线课程，也成了授课老师的一大难题。

### （三）教学重理论轻实践

高职院校的办学应当以强化实践技能为宗旨。不少高职院校在统计学在线课程教授过程中仍然过于重视理论教学，没有教会学生将所学的统计学知识应用于实践当中。过于重视理论，造成了学生只懂得统计学课程中的理论、原理与公式，却没有掌握实际工作中经常要用到的内容，比如如何进行数据的收集、整理、分析，如何进行问卷调查与分析，如何设计统计调查方案等。

### （四）考试形式过于单一

大部分高职院校统计学在线课程的考试形式采取的是以客观题为主的闭卷考试，考试答案标准化。为了考试达标，很多学生会在考试前进行突击，死记硬背老师教学内容里的概念和公式。这样的考试形式无法体现学生对知识的掌握和运用能力，同时也限制了学生的想象力。

### （五）教学方法单调，手段陈旧

当前，部分高职院校教师还不能很好地使用现代教育技术进行教学，甚至还有部分老师热衷于板书和"满堂灌"的传统教学模式。单调的教学方法、陈旧的教学手段和枯燥的课堂讲解，使得学生对统计学课程失去兴趣，进而极大地影响教学效果。

## 三、大数据对高职院校统计学在线课程的影响

2012年，MOOC大规模开放的在线网络课程以其庞大的在线教育投资数据及惊人的网络课程选课人数，对在线教育掀起了一场改革浪潮。随着时间的推移，人们对在线课程的认知日趋理性化和客观化，MOOC等在线教育技术的缺陷和不足也逐渐显现出来。

当前，我国统计学在线课程存在着一些问题：一是照抄国外模式，将国外在线教学模式生搬硬套到统计学在线课程中；二是无法根据在线学习者的学情，提供个性化的在线学习内容；三是在线学习中的师生互动和生生互动较少。

在传统的统计学课程授课中，教师可以通过板书、PPT演示等多种方法讲解知识点，并能实时地根据学生的学习状态和学习效果调整授课速度与授课内容，还能通过提问、小组讨论等方式开展课堂互动，提高学生的学习兴趣和积极性。但在统计学在线课程授课过程中，课程主要以PPT文字解析等方式进行讲解，形式较为单一，师生互动、生生互动不多，也无

法实时监管学生的学习状态,这些都影响了统计学在线课程的学习效果。在大数据环境下,教师可以通过统计学在线课程获取学生的大量上课数据,整理、分析这些数据,可以精确地掌握学生的学习状态与学习效果,还可以为学生提供个性化学习方案。大数据技术的引入不仅会对统计学传统课堂和在线课程产生深远的影响,还能促进统计学专业教学上的重大改革。

第一,大数据技术能创新统计学在线课程的在线教学内容。传统统计学课程教学内容因无法及时更新,难以满足学生不断变化的学习需求。基于大数据技术下的统计学在线课程不仅可以及时更新在线教学内容,还可以将在线课程教学内容与行业发展动态相结合,让学生了解最新的行业知识。

第二,大数据技术能提升统计学在线课程的教学效果。通过大数据技术,教师可以获取学生在线学习的海量数据,譬如学习视频的观看次数、任务点完成情况、在线作业完成情况、线上测试结果等。教师可以根据这些数据及时调整教学计划,选择更加合适的教学方法,关注在线学习效果较差的学生。

## 四、基于大数据背景的高职院校统计学在线课程改革

### (一)适应大数据时代需求,明确人才培养目标

统计技术对许多学科领域都有着深刻影响,被广泛应用于心理学、社会学、生物学、经济金融、土木工程等领域。数据搜集、整理、分析等一系列过程为社会生活各个领域提供了决策方法。大数据背景下,单一的统计人才已经不能满足时代的需求,未来的统计学人才需要具备数学、统计学、计算机及相关行业知识。基于此,高职院校统计学在线课程改革的目标应是培养适应大数据时代需求的复合型统计人才。高职院校应依据大数据新时代对统计人才的需求,分析企事业单位对统计人才的职业能力、技术能力、管理能力和职业素养的要求和层次,明确高职统计专业复合型人才的培养目标,并以"立德树人"为根本,以职业能力培养为导向,遵循

认知规律和职业能力形成规律,科学建构课程体系,将科学文化、人文素养、创新意识、职业道德、劳模精神融入人才培养全过程。

结合高职学生的特质,根据社会发展对统计专业人才的知识储备和技术能力等方面的要求,建立具有专业特色和符合大数据时代需求的课程设置。高职院校统计学在线课程体系由基本素养课程模块、专业基础课程模块、专业核心课程模块和专业能力拓展课程模块构成。高职院校统计学在线课程体系应突出计算机课程、统计建模课程,以提高学生的实际应用能力。

### (二)结合大数据时代背景,明确教学内容

统计学在线课程改革过程中,应在培养复合型统计人才的培养目标下,明确高职院校统计学在线课程的教学内容。大数据时代背景下,高职院校统计学在线课程的教学内容应突出抽样调查、参数估计、假设检验、相关分析、回归分析、方差分析、贝叶斯分析、聚类分析、判别分析与主成分分析等内容。高职院校统计学专业学生应能开展问卷调查与分析活动,能撰写数据分析报告,能使用 Excel、SPSS、SAS、Eviews 等软件对数据进行整理与分析,能进行统计建模。与此同时,因为统计学的许多课程都需要具有较好的数学基础,所以还必须夯实统计学专业学生的数学基础,重视高等数学、微积分、线性代数、概率论与数理统计等课程的学习。

### (三)运用大数据提升高职统计在线课程教学实效

新时代推动高职院校统计学在线课程教学实效需要依靠大数据打造新引擎,注入新动力。

第一,全面提升高职院校统计学课程教师的大数据素养和大数据意识。大数据已逐渐融入人们生活的方方面面,将大数据运用于日常课堂是不可避免的趋势。同时,统计学学科是大数据的基础学科之一,与大数据的关系非常密切。作为高职统计课程教师,要主动转变传统课程主要依靠主观直觉进行情感教化的观念,转为依靠大数据形成客观精准的育人理念。这就需要高职院校统计学课程教师提高对大数据意义的认识,提升对数据的

敏感度，以及具有更强的服务意识。

第二，积极推进统计学课程教师与信息技术人员在数据技术和专业素养上的结合，构建统计学在线课程教学数据库和学生学习的数据分析模型。对于高职教师而言，大数据在为其提供海量教育数据的同时，也对其提出了更高的要求。信息化时代，教学不再是教师的单独作战，而是需要团队协作。高职教师如何从数量庞大的数据中探寻到自己需要的数据，如何从庞杂的数据中分析学生的学习习惯、学习情况与学习体验，这些都需要信息技术人员的协助。信息技术人员是教学团队中重要的组成成员，在信息技术人员的协作下，教师可以更好地在各个平台建设在线课程，可以更好地收集、整理、分析教学数据。与此同时，信息技术人员需要在专业老师的指导下，才能对统计学在线课程的教学目标、教学方法、教学内容进行宏观设计，构建科学精准的教学数据分析模型。

### （四）运用大数据改革在线课程考核方式

高职院校统计学专业的传统课程考核方式一般是闭卷理论考试，通过期末一次性的考试成绩作为一门课程的考核方式。大数据背景下，高职院校统计学在线课程考核方式不再局限于期末理论考试，而是可以增加形式多样化的考察方式，例如课堂的活跃度、小组合作情况、在线课程学习状况、软件掌握情况、数据分析能力鉴定等。通过多样化的在线课程考核方式，激发学生的学习兴趣，提高学生的实践能力。

## 五、基于核心素养培育的高职院校统计学在线课程改革

核心素养为高职院校统计学在线课程教学改革提供了思路和方向，将核心素养融入教书育人中需要教师在教育实践中不断尝试和创新，以提高高职院校统计学在线课程的育人作用。

### （一）基于核心素养定制高职院校统计学在线课程标准

国务院印发的《国家职业教育改革实施方案》提出要构建国家职业教

育标准,完善教育教学相关标准并持续更新课程标准。基于核心素养制定高职院校统计学在线课程标准要遵从以下几点:第一,将核心素养融入高职院校统计学在线课程标准,深入探讨统计学在线课程的任务和性质,确定高职院校统计学在线课程标准的课程目标,并将目标进行细分;第二,从学习情境、学习内容、学习目标和教学成果等方面制定统计学在线课程教学内容标准。

### (二)基于核心素养引入信息化教学手段

高职院校教师要改变教师角色,引导学生学会学习,将新理念引入统计学在线课程改革中,成为培养学有所长、学有所专、学有所用的实践性人才的"第一基地"。高职院校统计学在线课程应当引入慕课、微课、翻转课堂等信息化教学手段。以翻转课堂为例,它与以往的传统教学模式不同,是对传统课堂教学的逆序创新。在翻转课堂中,学生需要对课堂知识进行预习,然后通过课堂上的练习、讨论和课后的知识拓展,形成一个教师引导学生自主学习的教学模式。翻转课堂给予了学生更多自由,极大提高了学生学习的有效性。

高职院校绝大多数学生的理科基础比较薄弱,这给统计学在线课程的学习带来了较大困难。为了帮助理科基础薄弱的学生学好统计学课程,高职院校的统计学在线课程可以使用 Excel 进行辅助教学。Excel 是一个非常好的辅助性教学工具,其在统计功能方面,虽然没有 SPSS、SAS、Eviews等统计软件专业,但它却能满足高职院校统计学课程的日常教学,而且对于学习基础比较薄弱的高职院校学生来说,Excel 软件更容易学习、掌握和使用。统计学课程中的很多内容都可以通过 Excel 来完成,例如图表的创建、数据收集、数据整理和数据分析。对于一些让学生难以下笔的复杂计算,也可以使用 Excel 来完成,比如抽样误差和样本容量的计算、相关系数的计算、一元线性回归方程中参数的计算、参数估计等。使用 Excel 辅助教学,不仅可以让枯燥的教学过程变得生动有趣,还能提高学生使用 Excel 软件的能力。

## （三）基于核心素养结合实践教学

1. 案例教学

案例教学是一种以学生为中心的开放式、互动式的新型教学模式，我们可以将这种教学模式引入高职院校统计学在线课程教学中。在使用案例教学的过程中，最重要的就是找到学生感兴趣的案例。教师应多关注当下社会热点，多与学生沟通，以了解学生感兴趣的话题，比如学生就业率、彩票中奖率等问题就比较能引起学生的兴趣。选择一个成功的案例后，还要注重学生的小组协作问题。将小组协作引入案例教学里来，不仅可以调动学习积极性，还能培养和提高学生的团队精神，为学生的就业打下基础。

2. 开展课内实训

高职院校的统计学在线课程应该开展相对应的课内实训，让学生通过多次实践将知识内化。例如，在讲解统计调查这一章内容时，可以布置一个学生感兴趣的热门话题作为主题，让学生就这一主题开展统计调查。在这个过程中，可以将学生分组，每个组员承担相应的任务，通过设计调查方案和调查问卷、开展问卷调查、进行统计分析、形成调查报告等一系列实践活动后，每组派一名代表对此次统计调查进行汇报和总结。这样的课内实训不仅能够提高学生的学习兴趣和实践能力，还能帮助学生更快速、深入地掌握相应知识。对于老师来说，通过这样的实训活动，不仅促进了教学任务的顺利完成，还提高了自己对课内实训的掌控能力。

3. 开展课外社会实践活动

寒暑假期间，学生可以适当开展一些与统计内容相关的社会实践活动，比如在企业统计岗位实习，参与社会统计调查工作等。构建高职院校统计学社会实践协同育人机制，有利于整合校内校外实践育人资源和实现政企等多方合作共赢。

4. 将统计学课程与毕业设计相结合

高职院校在提供毕业设计选题时，可以多提供一些统计学方面的选题，譬如××统计调查方案设计、××统计调查问卷设计、基于Excel软件的××公司销售额影响因素模型设计、基于Excel软件的××学校学生幸福感影响因素模型设计等。通过毕业设计，不仅能够帮助学生很好地内化统计知识，还能提高学生使用统计学知识独立解决实际问题的能力。

**（四）基于核心素养变革的统计学在线课程考核标准**

第一，通过单项评价与综合评价相结合、过程评价与结果评价相结合、总结性评价与发展性评价相结合等方式，改革传统的学生评价手段和方法。第二，结合课堂表现、课堂提问、平时测验、学生作业、技能竞赛、考试及实训实践情况，运用层次分析法（analytic hierarchy process）综合评价学生成绩，促进教学评价向多元化发展；第三，注重考核学生的协作能力、动手能力及分析和解决具体问题的能力，鼓励学生创新。

高职院校绝大多数的统计学传统课程采取以客观题为主的期末闭卷考试形式，该形式不利于培养和提高学生的动手能力、实践能力和职业能力。统计学在线课程考核的内容和要求不仅要注重学生对统计知识、原理及相关计算能力的掌握情况，还要注重学生的实践能力和职业能力，学生的期末成绩可以由如下几部分组成。

①课内实训占总成绩的30%。课内实训主要以讨论、团队合作等方式进行，主要考核学生的实践能力和职业能力。

②平时课堂表现占总成绩的10%。平时课堂表现包括出勤、课堂问题回答情况、听课状态等方面。

③课后作业占总成绩的10%。难度适宜的课后作业不仅可以帮助学生巩固课堂内的所学内容，还能拓宽学生的知识面。

④期末考试占总成绩的50%。期末试卷采用闭卷笔试的形式，考试题目以客观题为主，简答、计算题为辅，主要考核学生对定义、原理、计算等方面的掌握。

**（五）基于核心素养高职统计在线课程资源开发与利用**

高职院校统计学在线课程教学资源库的内容主要包括：专业建设、教学文件、文本文件、图片资料、音频视频、动画资源、虚拟资源、网站链接、教材、题库和资格考试培训等，如表2-6所示。教学资源要适合时代的发展和需要，应当根据需要做出及时和适当的调整，每年保持15%以上的更新，以保证教学资源库的先进性。

表2-6 资源库主要内容

| 类别 | 内容 |
| --- | --- |
| 专业建设 | 专业介绍、专业人才培养方案、专业课程体系 |
| 教学文件 | 课程标准、实训项目、考核评价体系、课程作品方案、教学设计、教学教改、第二课堂 |
| 文本文件 | 职业标准、技能抽查标准、作业规范、优秀毕业设计展示 |
| 图片资料 | 校内教学条件、校内教师风范 |
| 音频视频 | 核心课程课堂教学、核心课程微课、学生实训、学生顶岗实习 |
| 动画资源 | 统计软件操作示例、会计软件操作示例、会计手工过程 |
| 虚拟资源 | 虚拟企业、虚拟场景、虚拟实训项目 |
| 网站链接 | 课程网站 |
| 教材 | 上课教材、教学课件、实训教材、实训指导书 |
| 题库 | 技能抽查题库、试题库、习题库、大赛作品库、毕业设计选题库 |
| 资格考试培训 | 初级统计师考试培训指南、初级统计师考试大纲、初级统计师考试基础知识 |

## 参考文献

［1］谢幼如．在线开放课程与教学创新［M］．北京：科学出版社，2020．

［2］王鑫．大数据时代的课程教学［M］．广州：广东教育出版社，2019．

［3］张秦，陈铁．基于文本情感分析的高职学生在线课程学习体验研究［J］．江苏高职教育，2021，21（3）：62-67．

［4］张秦，陈铁．基于CiteSpace的我国高职院校在线课程研究热点与趋势的知识图谱分析［J］．教育科学论坛，2021（24）：76-80．

［5］张秦，陈铁．基于核心素养培育的高职统计课程改革［J］．轻纺工业与技术，2019，48（12）：189-190．

［6］米高磊，吴金旺．基于学习体验的在线课程设计与实践——以"互联网金融"公共课程为例［J］．现代教育技术，2017，27（11）：

92-98.

[7] 汤书波,张媛媛.高职院校大规模在线教学成效、问题及提升策略研究[J].当代教育论坛,2021(1):89-100.

[8] 陈宏艳,徐国庆.基于核心素养的职业教育课程与教学变革探析[J].职教论坛,2018(3):57-61.

[9] 贾美芹.关于高职统计学原理的教与学[J].职教论坛,2011(26):30-32.

[10] 孔祥年.新时代高校社会实践协同育人机制研究[J].学校党建与思想教育,2019(4):86-88.

[11] 马玲,李静.基于SPOC的高职院校信息技术课程翻转课堂教学模式研究[J].教育与职业,2017(23):86-89.

# 第三章　大数据在高职学生在线学习中的应用

随着大数据和互联网技术的不断进步，传统教育已经越来越多地与大数据技术相融合，学习过程从线下转移到线上已成为一种常态，在线教学也已成为改革传统的教与学形态、推动课堂革命和实现高等教育变轨超车的重要力量。大数据背景下，如何改善在线学习效果、提高在线学习力、提升在线学习体验，越来越受到各教育研究领域专家学者的关注，逐渐成为教育领域的研究重点和研究热点。

## 第一节　高职学生在线学习概述

### 一、研究背景

#### （一）在线学习已成为职业教育领域的重点话题

随着大数据技术的发展，各行各业已逐渐进入"互联网+"模式。大数据正深刻影响着社会生产与人们生活的方式，教育行业也不外乎如是。2010年5月5日，《国家中长期教育改革和发展规划纲要（2010—2020年）》强调将教育信息化纳入国家信息化发展整体战略，通过教育信息网络加快教育信息化的进程。2015年3月5日,国务院总理李克强在《政府工作报告》中首次提出制定"互联网+"行动计划,这为后续"互联网+教育"的发展提供了政策指引。党的十九大强调要把教育事业放在优先位置,深化教育改革,加快教育现代化,办好"网络教育",办好人民满意的教育。2018年9月10日,习近平总书记在全国教育工作大会上指出信息化教育已经成为改革传统的教与学形态、推动课堂革命和实现高等教育变轨超车的重要力量。在这些政策的指引下,传统教育已经越来越多地与大数据技术相融合,在线学习方式也越来越受到各教育研究领域专家学者的关注,逐渐成为教育领域的研究重点和研究热点。2020年2月4日,教育部发布的《关于在疫情防控期间做好普通高等学校在线教学组织与管理工作的指导意见》指出疫情防控期间各高校要充分利用已上线的慕课和省、校两级优质在线课程教学资源,大力开展在线教学,实现"停课不停教、停课不停学",保障在线学习的教学进度和教学质量。这一年,绝大部分高职院校史无前例地实践了整个学期的师生居家式大规模在线教学。

在线学习不受时空限制,学生通过在线学习能聆听一流教师的授课,快速获取所需知识,提高专业技能。在线学习作为一种新的学习方式,正在深刻地改变着我国高职院校的教学模式和管理方式,是当代学习的发展趋势,越来越受到研究者和一线教育者的关注和青睐。随着大数据和互联网技术的不断进步,学习过程从线下转移到线上已越来越成为一种常态,有关在线学习的研究也已经是职业教育领域不可回避的重要问题。

### (二)在线学习已成为高职学生获取知识的重要途径

随着大数据与互联网技术的飞速发展,在线学习方式兴起,并有着前所未有的发展势头。网络教学资源呈几何倍速增长,学生获得知识的途径不再仅限于课堂面授,知识获取的渠道呈现出网络化和多元化特征。在线学习具有不受时间和地域等因素限制、拥有丰富的学习资源、信息量大、覆盖面广等特点,能快速整合优质教育资源,让学习者学习各种国内外优质课程。显然,在线学习已成为高职学生获取知识的重要途径。

目前，在线学习形式主要有实时在线学习和异步在线教学两种。实时在线学习方式是学生通过实时视频会议系统开展在线学习，师生可以进行实时交互。异步在线教学方式是老师在开课前将课件、视频、习题等学习资料发布在网上，学生可以自行安排学习时间开展自主学习。在线学习平台方面，国内各大在线学习平台迅速发展，如超星学习通、智慧树、网易云课堂、钉钉、腾讯会议、中国大学MOOC、智慧职教、QQ课堂、学堂在线等。其中，智慧职教是面向职业教育的在线教学服务平台和数字教学资源共享平台，是国家"职业教育专业教学资源库"项目建设成果面向全社会共享的指定平台，开放汇聚和运营省级、校级以及企业资源库的建设成果，为职业教育教师、学生、企业员工和社会学习者提供优质数字资源和在线应用服务。智慧职教平台针对财经商贸、电子信息、交通运输、旅游、土木建筑、农林牧渔、医药卫生等19个专业大类分别提供了优质丰富的教育资源。

## 二、文献综述

### （一）在线学习相关研究

1. 在线学习的内涵研究

学者希尔兹（Hiltz）最早提出了在线学习的概念，随后，基于建构主义学习理论、认知主义学习理论、交叉学科知识管理理论、技术支持理论等，大量学者对在线学习的内涵展开了研究。国外研究中，Berge 和 Coilins 认为在线学习是在互联网中展开的学习，强调在线学习的"灵活性"，学习者不受学习时间和学习地点的限制，可以灵活展开学习[1]。Harasim 认为在线学习是在互联网中进行的学习，强调技术、互动在学习中的应用，以及

---

① Macgregor G, Turner J. Revisiting E-Learning Effectiveness: Proposing a Conceptual Model [J]. Interactive Technology &Smart Education, 2009（3）: 156-172.

个性化学习的重要性①。2000 年，美国教育部在《教育技术白皮书》中提出，在线学习是一种新的受教育方式，是通过互联网所提供的教育及相关服务，这种方式改变了传统的师生关系，但却不会取代传统课堂教学。

国内学者对在线学习的内涵展开了一系列研究。2000 年，《现代远程教育资源建设技术规范》将在线课程定义为基于网络的，针对某门学科而实施教学活动的总和。何克抗认为在线学习是将互联网与教学进行有效融合而生成的新型学习方式，能充分体现学生的主体作用，可以彻底改革传统的教学结构和教育本质②。

通过系统梳理在线学习的概念界定可以看出，在线学习与传统学习主要有两大区别：一是学习载体不同，二是学习环境不同。具体来说，在线学习是学习者在互联网环境中以在线技术支持而展开的一种新型学习方式，学习者可以随时随地展开在线学习，学习者的一切学习活动都是在线进行的，包括预习、学习在线学习资源、在线交流与互动、完成在线作业与任务等，在这个过程中，学生是学习的主体，教师是教学过程中的引导者，而非传授者。

2. 在线学习效果的影响因素及改善对策研究

宋承继等指出要全过程监控在线课程学习过程的关键因素，及时优化在线学习过程中的教学视频、教学手段、在线讨论、课堂互动③。胡运玲以网络在线课程的学习行为数据研究为突破口，借助数据分析平台和可视化分析工具对数据进行分析，发现对学习效果影响最大的因素是互动性较强的小测验成绩和课堂讨论，影响最小的因素是任务点完成情况。蔡红红通过构建结构方程模型，探讨教师在线教学准备对研究生线上学习效果的

---

① 姜雪芳. 社交网络特征对在线学习使用意向的影响研究［D］. 杭州：浙江大学，2015.

② 何克抗. e-Learning 的本质——信息技术与学科课程的整合［J］. 电化教育研究，2002（1）：3-6.

③ 宋承继，陈小健. "互联网 +" 时代农业类在线开放课程建设与实践［J］. 农业工程，2019，9（9）：116-118.

影响及作用机制，研究发现：①教师在线教学准备能够直接显著预测研究生线上学习效果，也能分别通过研究生的学习者控制、学业倦怠情绪的独立中介作用和学习者控制与学业倦怠情绪的链式中介作用间接预测学习效果，且总间接效应略大于直接效应；②在三个特定间接效应中，学习者控制的独立间接效应最大；③可以通过加强教师线上教学培训、关注研究生在线学习学业情绪等方法提高研究生线上学习效果[①]。

### （二）在线学习力相关研究

在 CNKI 文献数据库中，以"学习力"为关键词，限定教育学、心理学学科进行检索，发现学习力现有研究中，研究主题主要为学习力的内涵、维度、影响因素等方面。

#### 1. 在线学习力的内涵

学习力概念最早由美国麻省理工学院的福瑞斯特（Jay Forreste）于20世纪60年代提出，80年代后学习力研究开始兴起于教育领域。目前，国内外学者对于学习力内涵的解读具有多样化趋势，代表性观点主要包括了能量观、品质观、素质观和能力观等。能量观的代表性观点有 Kirby 提出的学习力是促进学习意愿与结果互相作用的能量等[②]；品质观的代表性观点有张湘韵提出的学习力是个体内部关于学习的心理品质等[③]；素质观的代表性观点有吴也显等提出的学习力是学习者基础性的文化素质等[④]；能力观的代表性观点有朱唤民提出的学习力是个体获取、分享、运用和创造

---

① 蔡红红. 教师在线教学准备与学生学习效果的关系探究——学习者控制与学业情绪的中介作用［J］. 华东师范大学学报（教育科学版），2021，39（7）：27-37.

② Kriby W C. 学习力［M］. 海口：南方出版社，2005：6-7.

③ 张湘韵. 我国大学生学习力的特征研究［J］. 湖南师范大学教育科学学报，2016，15（2）：95-102.

④ 吴也显，刁培萼. 课堂文化重建的研究重心：学习力生成的探索［J］. 课程. 教材. 教法，2005（1）：19-24.

知识的能力等①。

在线学习力在内涵上，除具有学习力的一般特征外，还特别强调在线学习环境的学习特性。李宝敏等认为在线学习力是指在线学习环境下，能够有效促进学习者认知能力、学习动力、学习策略、学习结果相互作用的动态能力系统②。

2. 在线学习力的构成要素

现有研究大多在学习力构成要素的基础上结合在线学习特点开展在线学习力构成要素分析。学习力构成要素研究中，目前较有影响力的观点有：①英国布里斯托尔大学克拉克斯顿（Claxton）于2007提出的由顺应（resilience）、策应力（resourcefulness）、反省力（refection）、互惠力（relationships）构成的"四要素说"；②英国有效终身学习项目（简称ELLI）提出的学习力"七要素说"：关键好奇心（critical curiosity）、变化和学习（changing and learning）、学习互惠（learning relationships）、顺应力（resilience）、创造性（creativity）、意义形成（meaning making）、策略意识（strategic awareness）；③澳大利亚加强有效学习项目（简称PEEL）将学习力视为价值观、倾向、态度和能力的复合体③。

3. 在线学习力的影响因素

学习力的影响因素可以细分为个人因素和环境因素：个人因素方面，曹立人等发现动机水平、精神状态、认知能力等因素显著影响学习力；环境因素方面，良好的学校环境与家庭环境能提升学生的学习力，教师认识与技能的提高可以促进个体学习力的发展④。

---

① 朱唤民. 发展学习力：教学管理应有之义［J］. 中国教育学刊，2011（1）：88-89.

② 李宝敏，宫玲玲，祝智庭. 在线学习力测评工具的开发与验证［J］. 开放教育研究，2018，24（3）：77-84，120.

③ 丁亚元，刘盛峰，郭允建. 远程学习者在线学习力实证研究［J］. 开放教育研究，2015，21（4）：89-98.

④ 曹立人，王婷，朱琳. 高中生学习力的探索研究［J］. 心理与行为研究，2016，14（5）：612-617.

### 4. 在线学习力测评研究

当前，较少有学者开展在线学习力评价研究。现有研究中，丁亚元等提出远程学习者在线学习力由内驱力、意志力、认知力、转化力四因素构成，并通过调查和分析远程学习者的在线学习力现状，发现远程学习者在线学习力总体处于中等水平，且在专业、性别、年龄和在线学习时程上均具有显著性差异[①]。

## （三）学习体验相关研究

### 1. 学习体验的内涵

泰勒（Ralph W. Tyler）将学习体验定义为学习者与学习环境中的各个条件之间的相互作用[②]。杜威（John Dewey）将学习体验分为学习者不断主动尝试的学习过程和学习者不断主动尝试后所产生的学习结果两个模块[③]。帕特里克（Terenzini Patrick）将学习体验定位为学习者在主动学习中与周围环境中的人、物之间的互动过程[④]。

总的来说，学习体验是一种生命体验，是学习者的内心形成物，是体验情感、焕发生命活力、提升生命价值、构建知识意义的手段和途径，是学习过程与学习结果的结合体：从学习过程的角度出发，学习体验关注学生亲历学习活动的过程；从学习结果的角度出发，学习体验关注依承学习活动所获得的情感与认知。

---

① 丁亚元，刘盛峰，郭允建. 远程学习者在线学习力实证研究[J]. 开放教育研究，2015，21（4）：89-98.

② Tyler R W. Basic Principles of Curriculum and Instruction [M]. Chicago：The University of Chicago Press，1949：35-44.

③ Dewey J. Experience and education [M]. NY：Collier Book，1938：35-44.

④ Terenzini P T，Pascarella E T，Blim ling G S. Students' out of Class Experiencs and Their Influence on Learning and Congnitive Development：A Literature Review [J]. Journal of College Student Development，1999（8）：40.

2.在线学习体验的特点和影响因素

在线学习体验具有以下特点：强调学习者的主体性、注重深度参与、凸显技术属性、关注情感捕捉与数据化分析等。在线学习体验的维度主要包括学习环境体验、课程设计体验、学习活动体验、学习结果的反馈与评价。汪卫平、李文基于国内334所高校的调查数据分析大学生在线学习体验的区域差异及影响因素，研究表明：学生在线学习效果和满意度上，均是东部最好、中部次之、西部最差；在线学习体验的影响因素上，社会性交互、技术平台与环境是影响在线学习体验最重要的因素[1]。

从已有研究情况来看，学习体验相关研究成果多，视野开阔，但仍有一些不足：一是在线学习体验的数据和资料获得方式大多以问卷调查和质性访谈为主，这些方式较难触摸到学生内心深处的真实感受；二是较少有学者针对高职学生群体开展在线学习体验研究。

## 第二节　大数据背景下高职学生在线学习情况调查研究

### 一、调查目的与意义

#### （一）调查目的

第一，通过抽样调查分析高职学生在线学习现状，包括在线学习方式、学习时长、学习需求的满足程度、出勤情况、任务点完成情况、互动情况、在线学习中存在的困难、在线学习的优缺点等。

第二，分析高职学生在线学习力的影响因素。通过发放量表，搜集高职学生在线学习力相关信息，深入探讨高职学生在线学习力的影响因素。

第三，系统提出改善高职学生在线学习状况、体验及提升在线学习力

---

[1] 汪卫平，李文．中国大学生在线学习体验的区域差异及影响因素——基于国内334所高校调查数据的分析[J]．开放教育研究，2020，26（6）：89-99．

的建议。

### (二) 调查意义

在线教学已成为改革传统的教与学形态、推动课堂革命和实现高等教育变轨超车的重要力量。然而在线学习时空分离和师生空间分离等特点，及有效教学互动不够、学情分析难以精准有效、学生在线学习目标不够明确、学生自控能力不强、在线教学管理平台缺位等问题，易导致学生产生在线学习倦怠问题。随着我国职业教育发展步入提质培优新阶段，开展高职学生在线学习倦怠研究，适应职业教育新常态发展，既是教育工作者和教育研究者长期的重要命题，也是高职院校面临的艰巨任务。高职学生是在线学习的庞大群体，研究其在线学习现状和体验，并探索其在线学习力的影响因素，可以促进高职教育教学改革，提升在线教学质量和人才培养质量，具有重要的理论和现实意义。

第一，结合小组座谈会和抽样调查，掌握高职学生在线学习情况。通过小组座谈会初步了解高职学生在线学习状况，然后设计调查问卷并通过三阶段概率抽样方法展开抽样调查，对获得的数据进行描述性统计分析、相关分析和单因素方差分析。

第二，开展高职学生在线学习力测评，探讨高职学生在线学习力影响因素。掌握了高职学生在线学习情况后，通过发放网络量表对高职学生的在线学习力进行测评，探讨高职学生在线学习力影响因素。研究高职学生在线学习力影响因素可以提升高职学生在线学习能力，使其成为有意识、有能力的主动学习者，提高网络教育质量。

第三，提出改善高职学生在线学习现状及提升在线学习力的建议。切实提高高职学生的在线学习质量是当前阶段我国高职院校的重要任务之一，根据调查和分析结果，系统提出改善高职学生在线学习现状和提升高职学生在线学习力的建议，可以提升高职在线教学质量和人才培养质量。

## 二、调查方案与实施

### （一）调查内容

根据调查目的，本次调查的内容分为以下两部分：高职学生在线学习现状、高职学生在线学习力的影响因素。为了更好地对所需调查项目进行考量和保证答题者答题准确性，本次调查对相应调查项目进行了高度概括，最终整理得出访谈大纲（见"附录1"）和调查问卷（见"附录2"和"附录3"）。

### （二）调查方法和抽样方法

本次调查采用了定性调查和定量调查相结合的方法。其中，定性调查方法主要是小组座谈法，定量调查主要是问卷调查法。

1. 小组座谈法

为了获得对高职学生在线学习状况和学习力测量项目的初步认识，首先采用小组座谈的方法，通过与参与者的讨论，初步识别和构建此次调查的框架。通过查阅资料和小组讨论，设计和整理了一份访谈大纲（见"附录1"）。调研小组选择了10名高职学生作为访谈对象，由主持人就访谈大纲里的问题对到会人员进行询问，主要用来深入了解高职学生对在线学习的看法、在线学习时的状态和效果、对线上教学的建议等问题。

2. 问卷调查法

由于此次调查面向的是长沙市高职学生群体，总体单元数庞大且分布范围过于广泛，所以本次调查采用三阶段抽样的方法对学生进行概率抽样。具体操作如下。

第一阶段：首先将H省C市的每个高职院校看成一个群体，编制一级抽样框，在抽样框中，给每个高职院校编一个号码，再利用计算机产生5个随机数，将5个随机数所对应的学校作为一级样本。

第二阶段：将入样的每个一级单位即五所高职院校的所有学院作为二级抽样单位，编制二级抽样框，并对应编号码，然后利用计算机产生5个随机数,5个随机数所对应的学院即为二级样本。

第三阶段：将选取的二级单位按照班级分为数个三级抽样单位,编制三级抽样框,并对应编制号码,利用计算机产生5个随机数,5个随机数所对应的班级即为三级样本。由于调查阶段,大部分高职院校大三学生已没课,所以抽样框中不包含大三年级的学生。

### (三) 抽样方案设计

1. 设计调查问卷

针对调查目的,此次调查设计了两份调查问卷：高职学生在线学习情况调查问卷(详见"附录2")、高职学生在线学习力影响因素测评量表(详见"附录3")。高职学生在线学习情况调查问卷主要分为两个部分：一是调查单位基本信息,包括性别、专业、年级等信息,了解被调查者的基本特征,有利于对样本进行分类分析；二是高职学生在线学习现状,包括学习方式、学习时长、网络状况、任务完成度、课堂互动、课后作业完成情况、在线学习的优缺点、学习过程中遇到的困难、对各教学平台的满意度等内容。高职学生在线学习力影响因素测评量表包括四个分量表：学习动力分量表、自体支持分量表、学习活动分量表、在线学习力分量表,主要用来探讨高职学生在线学习力的影响因素有哪些。

2. 预调查抽样

在正式调查之前,先根据抽样方案,从抽样框中抽取小样本进行预调查,以发现各个方面可能存在的不完善之处,检验所设计的抽样方案及抽样框、调查表的科学性和可操作性。预调查的调查范围仍是抽样框中的各级抽样单元,将样本量确定为50人,两份调查问卷各回收到50份有效问卷。根据回收的数据检测初始问卷的信度和效度,然后对检测效果较差的项目进行调整修改。

3. 样本容量的确定

将预调查问卷中开展过在线学习的比例作为估计对象,关注总体认知比例的样本方差。修正前最佳样本量 $n_0$ 的计算公式为

$$n_0 = \frac{t^2 p(1-p)}{E^2}$$

在上式中，$t$ 为一定置信度下所对应的临界值，$p$ 为样本比例，$E$ 为误差幅度。当置信度为 95% 时，$t=1.96$，$E=0.05$，预调查结果表明 $p=0.53$。可以计算得到当绝对误差不超过 5% 的条件下有

$$n_0 = \frac{1.96^2 \times 0.53 \times 0.47}{0.05 \times 0.05} = 382.777 \approx 382$$

所以，以估计简单随机抽样比例 $p$ 时的样本量为基础，在 95% 的置信度下按抽样绝对误差不超过 5% 的要求得到的最佳样本量是 382。实际抽样过程中应该根据实际抽样方案设计效应 Deff 对最佳样本量进行调整，从而得到调整后最佳样本容量。由于实际操作过程中 Deff 难以测算，经过查阅文献后综合分析可得 Deff=2，因此，

$$n = n_0 \times \text{Deff} = 382 \times 2 = 764$$

考虑到被抽中的学生放弃填写问卷等情况，此次调查假设无效比例为 10%，则实际应调查的样本量为 849 份。

$$n' = n \div (1-0.1) = 848.888 \approx 849$$

4. 正式抽样调查

正式抽样调查中，两份调查问卷各发放 850 份，其中，"高职学生在线学习情况调查问卷"回收到的有效问卷为 846 份、"高职学生在线学习力测评量表"回收到的有效问卷为 831 份，平均有效问卷回收率为 98.64%。

**（四）调查工作分工**

根据调查目的及要求，迅速组成调查小组，调查小组成员通过培训、查阅相关资料等方式，系统地学习调查过程中应掌握的调查知识、访问技巧以及注意事项等，全面提高自身的调查能力和素质。在此基础上，为了确保调查工作能高效率地进行，根据调查小组组员的个人专长，合理分配调查过程中的工作，具体安排如表 3-1 所示。

表 3-1　小组成员分工表

| 调查人员 | 工作内容 |
| --- | --- |
| 成员 A | 统筹调查工作过程 |
| 成员 B | 调查方案的设计，设计调查问卷和访谈大纲 |
| 成员 C | 发放、回收调查问卷，整理和分析数据 |
| 成员 D | 网络数据的挖掘及分析 |
| 成员 E | 撰写报告 |

### （五）调查实施进度

为保证调查工作的顺利实施及所需数据的获取，按照各调查阶段的要求，明确规定每一阶段的时间及工作内容，具体时间安排如图 3-1 所示。

调查前期准备 20 天 → 预调查 10 天 → 正式调查 20 天 → 数据分析 15 天 → 报告撰写 10 天

图 3-1　调查工作流程图

### （六）调查经费预算

调查经费预算如表 3-2 所示。

表 3-2　经费预算表

| 项目 | 经费支出（元） |
| --- | --- |
| 资料打印 | 50 |
| 餐饮 | 200 |
| 通讯 | 100 |
| 文具 | 200 |
| 礼品 | 400 |
| 总计 | 950 |

### （七）质量控制

**1. 调查方案设计阶段**

在调查方案设计阶段，调查小组首先对调查项目进行深入了解，明确调查目的，随后查阅资料并参照专业人士的意见进行调查问卷的设计。在进行预调查后，对问卷的区分度、信度及效度进行检验，小组成员根据检验结果讨论并修改原始问卷。为保证调查工作的顺利进行，制订合理的调查实施计划并按照计划进行调查。

2. 预调查

调查小组使用QQ、微信等工具，采取发送网络问卷的形式进行预调查。针对预调查过程中出现的各类问题，对问卷进行修改和完善。同时，正式调查开始之前，根据小组成员的能力特长合理分配调查任务，确保调查工作的高效率进行，并对小组成员进行相关培训。

3. 问卷填写控制

本次调查是通过网络平台面向广大高职院校学生发放网络问卷，为保证问卷质量，调查小组利用问卷星平台设置了每一份问卷同一个ID号只能填写一次的限制，同一个ID第二次填写同一份问卷将被拒绝提交问卷，以此防止恶意填写问卷的情况发生。同时，"高职学生在线学习情况调查问卷"的第四题设置为"您是否进行过在线学习"，若没进行过在线学习，则自动结束作答且不填写"高职学生在线学习力影响因素测评量表"。

## 三、预调查数据处理及检验

在正式调查之前，调查小组先在抽样框中选取小样本进行预调查，以发现问卷中不合理的地方，并在正式调查时予以改正。预调查实施阶段中，调查小组根据随机原则在设定的抽样框中发放了50份问卷，根据预调查样本的数据对问卷中的量表进行区分度分析、信度检验以及效度检验，判断问卷对事物测量的准确性，由此对问卷进行调整，提高问卷的有效性。

### （一）区分度检验

区分度旨在分析问题项目对回答者的鉴别能力，即项目区分度高，则回答者在这个问题上有显著的差异，由此问题有较高的价值，应该保留在问卷中。将每个样本在量表上的得分相加求和，如果被调查者未回答，则将该项的平均得分作为被调查者此项的得分，随后进行从高到低排序，将总得分前27%的样本作为高分组，后27%的样本视为低分组，最后对高低两组的各个项目的得分情况进行独立样本 $t$ 检验,判断显著性。

首先对"高职学生在线学习情况调查问卷"的 Q26 量表进行区分度检验。结果显示,前 27% 的得分为 14 分以上,后 27% 的得分为 8 分以下,量表中的 4 个项目检验结果全部显著($p < 0.05$),表明量表中的项目全部具有区分度,可以鉴别不同的受访者。然后,对"高职学生在线学习力影响因素测评量表"进行区分度检验。结果显示,前 27% 的得分为 123 分以上,后 27% 的得分为 47 分以下,量表中的 27 个项目检验结果全部显著($p < 0.05$),表明量表中的项目全部具有区分度,可以鉴别不同的受访者。

### (二)信度检验

信度是指问卷测试结果的一致性和稳定性,此次调查采用 Cronbach $\alpha$ 系数作为评价标准。首先对高职学生在线学习情况调查问卷的 Q26 量表进行信度检验,结果如表 3-3 所示,从分析结果来看,此量表信度很好,具有较高的一致性。

然后对高职学生在线学习力影响因素测评量表进行信度检验,计算得到各个项目的结果如表 3-4 所示。从分析结果来看,各项目的 Cronbach $\alpha$ 系数均大于 0.75,量表整体的 Cronbach $\alpha$ 系数达到了 0.846,因此量表信度良好,具有较高的一致性。

表 3-3　Q26 的信度检验结果表

| 层面 | Cronbach $\alpha$ 系数 | 项数 | 信度评价 |
|---|---|---|---|
| 对在线教学平台的满意度 | 0.976 | 4 | 很好 |

表 3-4　高职学生在线学习力影响因素测评量表的信度检验结果表

| 层面 | Cronbach $\alpha$ 系数 | 项数 | 信度评价 |
|---|---|---|---|
| 学习动力分量表 | 0.882 | 5 | 很好 |
| 自体支持分量表 | 0.871 | 15 | 很好 |
| 学习活动分量表 | 0.796 | 4 | 较好 |
| 在线学习力分量表 | 0.843 | 3 | 很好 |
| 问卷整体 | 0.846 | 27 | 很好 |

## （三）效度检验

效度指测量到的结果反映所想要考察内容的程度。效度分为三种类型：内容效度、准则效度和结构效度。本次调查主要通过 KMO 和 Bartlett 球形检验进行结构效度分析。利用 SPSS 计算"高职学生在线学习情况调查问卷"和"高职学生在线学习力测评量表"的 KMO 系数分别为 0.892、0.831，$p$ 值均为 0.000，说明两个问卷的结构设计都较好。

综上所述，预调查所采用的问卷能够达到本次调查目的。

## 四、正式数据处理及检验

### （一）数据处理

1. 数据录入

本次调查发放的均为电子问卷，问卷的录入过程较为简单，只需要将数据从问卷星平台导出到 Excel 和 SPSS 中即可。

2. 数据处理步骤

（1）排除不合理问卷

"高职学生在线学习情况调查问卷"题量为 25 个，受访者平均填答用时为 175.79 秒，填答用时的 10 分位数为 101.00 秒。"高职学生在线学习力影响因素测评量表"题量为 27 个，受访者平均填答用时为 180.21 秒，填答用时的 10 分位数为 102.00 秒。本次调查有理由认为：当某问卷的填答用时不超过 100 秒，则该份问卷不是在受访者理性情况下作答的。因此本次调查将填答时间不超过 100 秒的问卷设置为无效问卷。

（2）核查缺失值

问卷中的缺失值一般由两种原因造成：一是被访者应填而未填；二是由于跳转而造成的数据缺失。本调查设计的两份问卷都是通过问卷星网络平台进行发放，每道题均为必答题，如有应答而未答的情况是无法提交问卷的。同时，问卷的跳转逻辑经小组成员设计好后，进行过多次预调查试验,已经确认准确无误。利用 SPSS 的 Data-Select Cases 核查,本问卷不存在缺失值。

### (二)数据检验

本次调查使用信度分析、效度分析和随机游程检验对问卷数据的内在一致性和随机性进行检验。

#### 1. 信度分析

仿照预调查数据的检验方法,分别对"高职学生在线学习情况调查问卷"的 Q26 量表和"高职学生在线学习力影响因素测评量表"进行信度检验,结果如表 3-5 和表 3-6 所示。信度检验结果说明问卷分类合理,量表内在一致性高。

表 3-5　Q26 信度检验结果

| 层面 | Cronbach $\alpha$ 系数 | 项数 | 信度评价 |
| --- | --- | --- | --- |
| 对在线教学平台的满意度 | 0.961 | 4 | 很好 |

表 3-6　"高职学生在线学习力测评量表"信度检验结果

| 层面 | Cronbach $\alpha$ 系数 | 项数 | 信度评价 |
| --- | --- | --- | --- |
| 学习动力分量表 | 0.894 | 5 | 很好 |
| 自体支持分量表 | 0.855 | 15 | 很好 |
| 学习活动分量表 | 0.802 | 4 | 较好 |
| 在线学习力分量表 | 0.837 | 3 | 很好 |
| 问卷整体 | 0.858 | 27 | 很好 |

#### 2. 效度分析

仿照预调查数据的检验方法,分别对"高职学生在线学习情况调查问卷"的 Q26 量表和"高职学生在线学习力影响因素测评量表"进行效度分析,结果如表 3-7 和表 3-8 所示。

表 3-7　Q26 的 KMO 和 Bartlett 球形度检验结果

| 充足性检验 | KMO 值 | 0.847 |
| --- | --- | --- |
| Bartlett 球形度检验 | 近似卡方 | 782.261 |
| | 自由度 | 4 |
| | $p$ 值 | 0.000 |

表 3-8 "高职学生在线学习力测评量表" KMO 和 Bartlett 球形度检验结果

| 充足性检验 | KMO 值 | 0.812 |
|---|---|---|
| Bartlett 球形度检验 | 近似卡方 | 635.728 |
| | 自由度 | 27 |
| | $p$ 值 | 0.000 |

常用的 KMO 度量标准：0.9 以上表示非常适合；0.8 表示适合；0.7 表示一般；0.6 表示不太适合；0.5 以下表示极不适合。"高职学生在线学习情况调查问卷"和"高职学生在线学习力影响因素测评量表"的 KMO 系数分别为 0.847、0.812，Bartlett 球形度检验 $p$ 值均为 0.000，统计上显著，说明数据可以进行因子分析。

3. 随机游程检验

做出原假设 $H_0$：样本的排列是随机的，备择 $H_1$：样本的排列不是随机的。由软件计算可得 $p = 0.202 > 0.05$，即没有充分的理由拒绝原假设，故本调查认为该样本排列顺序不违反随机性。

## 五、基于小组访谈的高职学生在线学习情况分析

整理小组访谈的谈话内容后，初步分析高职学生在线学习情况如下（小组访谈提纲见"附录1"）。

第一，学生们较为认可在线学习这种学习方式。大部分学生通过在线学习方式，疫情期间有序开展学习活动。大家认为在线学习是一种全新的学习方式，借助于在线学习方式，可以不受空间限制最大限度地实现信息与资源的共享。

第二，相比于传统学习方式，大家认为线上学习的最大优点是学习空间不受限制、可回看资源、学习时间不受限制、资源丰富等，最大缺点是网速和系统不稳定影响了学习效果。小组座谈会中的学生有来自城市的，也有来自农村的，来自农村的几个学生在线上学习过程中普遍遇到了网络较卡、网络不稳定、系统不稳定、缺少上课设备等问题。特别是软件操作类课程，班级里经常有学生没有电脑，或者软件安装不成功，导致无法上课。

第三，大家在线学习过程中普遍存在注意力不集中的问题，并反映其原因是自己自律能力较差，并缺少老师的监管。甚至有些学生存在"刷课"现象，例如录播课程学习过程中，自己在床上睡觉，同时把手机打开播放学习视频。

第四，不同老师使用的教学方式不同，有些老师采用的是直播，有些老师采用的是录播。同时，不同老师使用的教学平台也不尽相同，容易造成学习混乱和手机卡顿，影响学习效果。在线学习过程中使用最多的教学平台是超星学习通，学生们认为该教学平台整体使用感较好，但时常出现APP卡顿需要重启的情况。

第五，几位基础较差的学生认为较难理解老师教授的知识，也缺乏渠道向老师请教重难点知识。同时，课后作业相比于传统教室学习更多，完成的难度也更大。

## 六、基于调查问卷的高职学生在线学习情况分析

### （一）基本描述性统计分析

1. 高职学生在线学习群体基本特征分析

如图3-2和图3-3所示，在被调查的高职学生中，男生所占比例为42.78%，女生为57.22%；年级分布上，大一所占比例为54.61%，大二所占比例为45.39%（由于调查阶段，大部分高职院校大三学生已没课，所以抽样框中不包含大三年级的学生）。

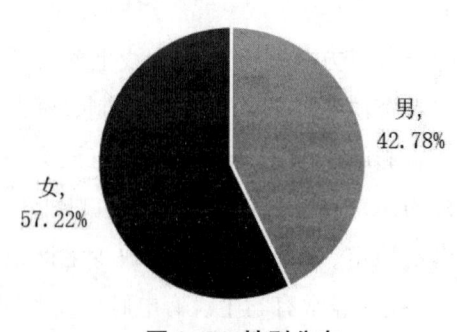

图3-2 性别分布

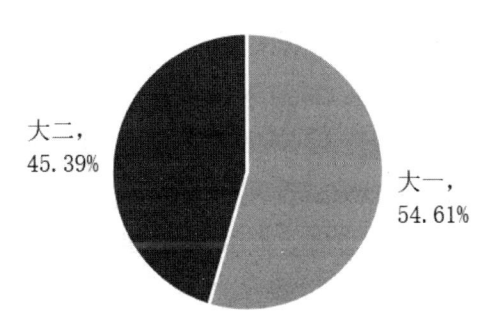

图 3-3　年级分布

2. 在线学习方式分析

调查结果如图 3-4 所示，高职院校使用最多的线上学习方式是直播（47.8%），其次是"录播+直播"（45.41%）。可见疫情期间高职院校大多采取了直播、"录播+直播"的形式开展线上教学活动。同时，高职学生最喜欢的线上学习方式是"录播+直播"（40.27%），其次是直播（39.26%）。"录播+直播"方式可以实现录播和直播的优劣势互补，适合录播的内容，使用录屏软件录制成合适的格式，不适合录制的内容如线上讨论、答疑、作业讲解等，可使用直播。

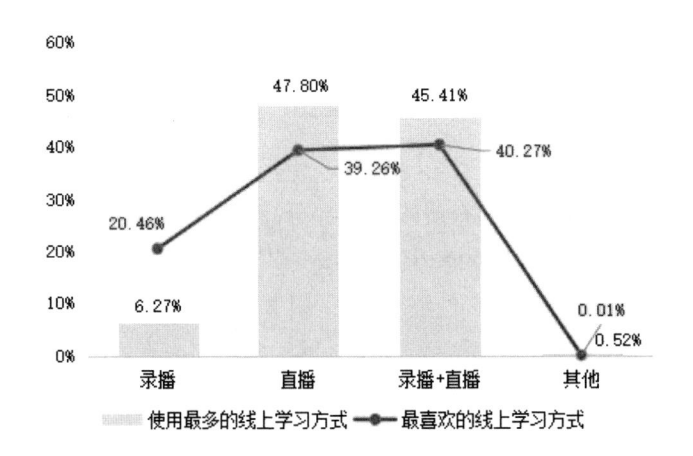

图 3-4　在线学习方式分布

### 3. 在线学习时长分析

如图 3-5 和图 3-6 所示，调查人群中，平均每天学习时长为 3-6 小时的占比是 57%，平均每天学习时长 6 小时以上的占比为 18%，可见高职学生疫情期间学习任务较为繁重。同时，57% 的学生认为每堂课最合适的在线学习时长为 30 到 45 分钟。本调查认为把在线学习的每节课设置为 30-45 分钟，可以实现劳逸结合，提高效率，同时能够有效保护视力。

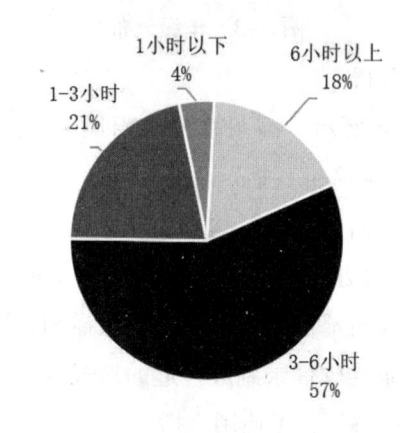

图 3-5　在线学习时长分布

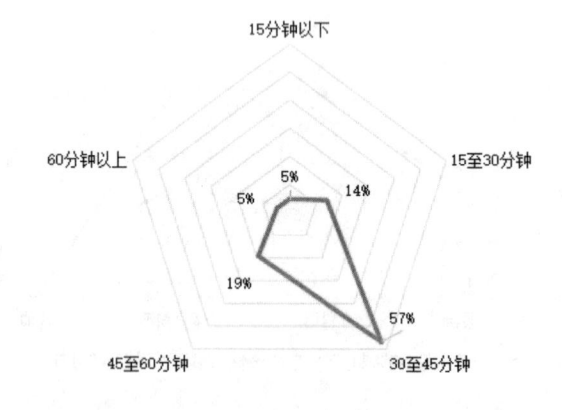

图 3-6　学生最期待的每节课在线学习时长分布

### 4. 学生认为效果最好的学习方式分布

调查结果如图 3-7 所示，近一半学生认为"在线学习+传统课堂教学"

学习方式效果最好，其次是传统课堂教学。可见最受高职学生欢迎的学习方式是将线上线下相结合，这样可以充分实现线上线下教学优劣势互补。

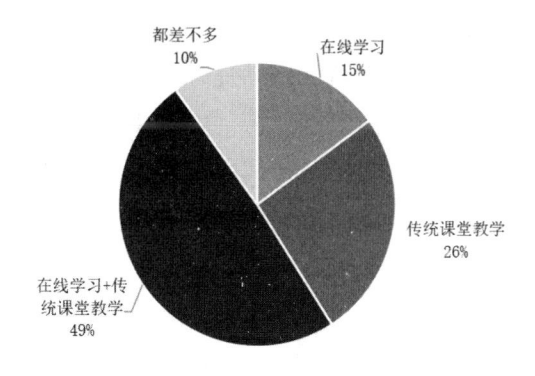

**图 3-7　学生认为效果最好的学习方式分布**

5. 网络情况

如图 3-8 所示，被调查人群中，在线学习过程中网络情况很好的占比为 28.06%，较好的占比为 32.43%，一般的占比为 31.9%，较差的占比为 5.58%，很差的占比为 2.03%。这说明被调查人群在线学习过程中的整体网络状况较好。同时，将近 8% 的被调查人群的网络状况可能会影响到正常学习，需要重点关注贫困落后地区的网络状况给在线学习所带来的挑战。

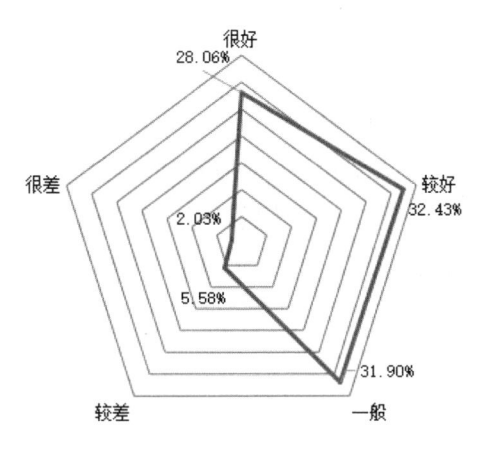

**图 3-8　网络情况分布**

6. 在线学习的优点分析

此题为多选题，调查结果如图3-9所示，高职学生认为在线学习具有以下几大优点：可回看学习资源（39%）、学习空间不受约束（35%）、学习资源丰富（32%）、学习时间更加自主（26%）、学习过程不受同学打扰（23%）、可提前学习（20%）等。在线学习具有较强灵活性，学生可以更为自主地安排学习时间，学习资源非常丰富，同时支持直播回看、视频回放和提前观看，这些都可以提高时间利用率和学习效率。

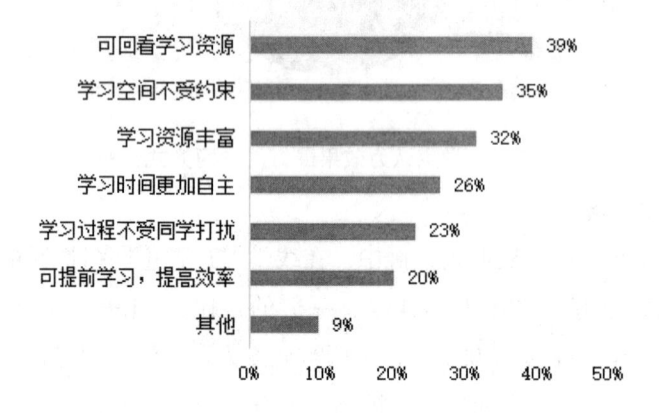

图3-9 在线学习的优点分布

7. 在线学习困难分析

此题为多选题，调查结果如图3-10所示，高职学生在线学习中遇到了不少困难，其中较为普遍的困难是：注意力不集中、自律性差、听课效率低、学习环境较差、学习难度大、学习软件过多带来困扰、学习任务重等。其中，最为普遍的困难是注意力无法长时间集中，易受不相关网络资源的影响，制约着高职学生参与线上学习活动的持久度。

第三章　大数据在高职学生在线学习中的应用

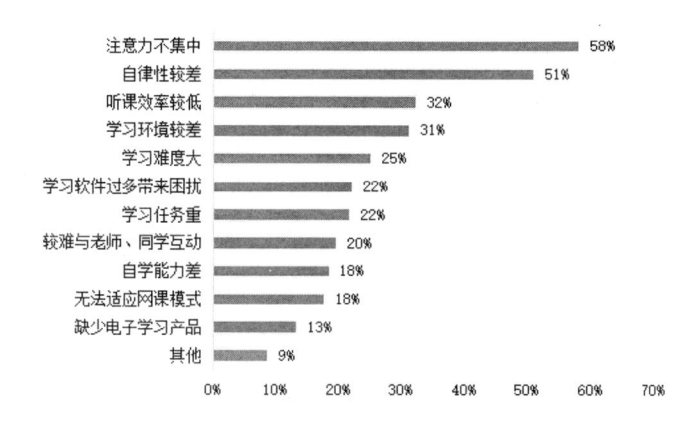

图3-10　高职学生在线学习的困难分布

8. 学习平台分布

此题为多选题，调查结果如图3-11所示，在调查人群中，使用最多的在线学习平台为超星学习通（40%），其次是钉钉（32%）和云课堂（24%），并且大部分学生的选择超过3项，说明高职学生在线学习中使用的教学软件较多，易造成学习困扰。

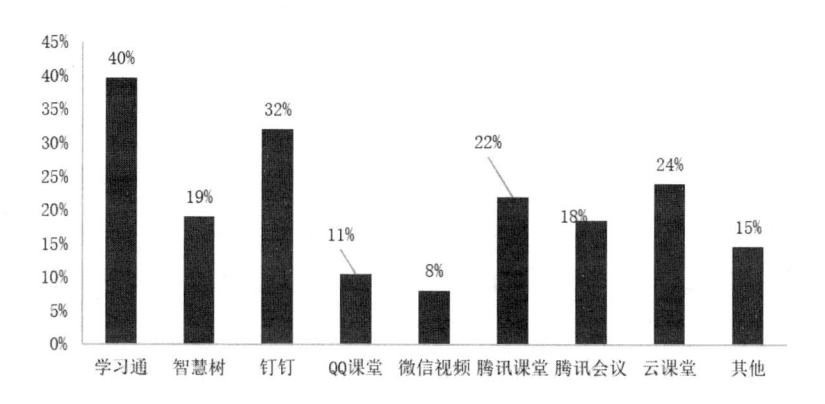

图3-11　使用的在线学习平台分布

9. 学习平台满意度分析

调查结果如图3-12所示，在线学习平台的操作界面、稳定性、视频播放功能、互动功能四个维度中：操作界面这个维度的表现较好，非常满意和比较满意的占比分别为39%、34%；视频播放功能表现尚可，非常满意和比较满意的占比分别为31%、30%;平台稳定性方面表现一般,非常满意和比较满意的占比分别为21%、19%;互动功能表现最差,非常不满意和比较不满意的占比分别为12%、31%。这说明在线教学平台应改善平台稳定性和互动功能。

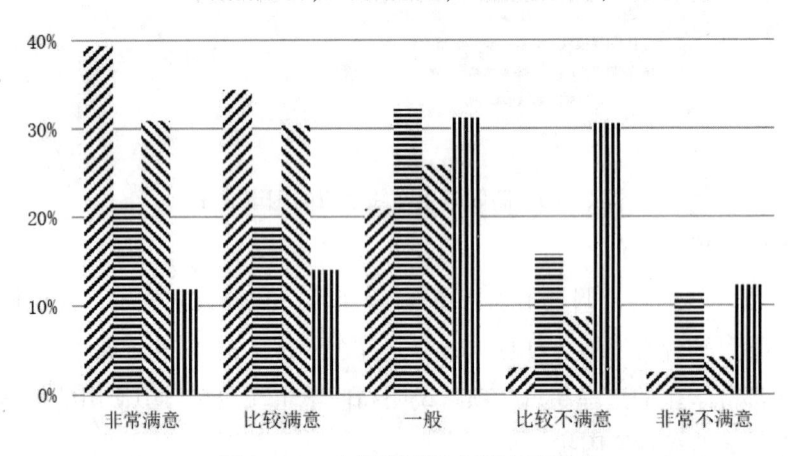

图3-12 在线学习平台满意度分布

## (二)在线学习效果影响因素调查分析

### 1. 高职学生在线学习效果影响因素调查分析

将课堂学习感受作为课堂学习效果的观测指标,在问卷调查的25个项目中筛选出任务点完成度、课堂互动程度、做笔记情况、课后作业完成程度、出勤情况、对在线学习的兴趣共6个项目与在线学习效果进行皮尔逊相关分析,结果如表3-9所示。结果显示,在线学习效果与任务点完成度、课后作业完成程度、出勤情况、对在线学习的兴趣这四方面存在显著的相关关系,而与课堂互动程度、做笔记情况虽然也相关,但不具有显著性。

表3-9 若干因素与课堂学习效果间的关系

| 项目 | 任务点完成度 | 课堂互动程度 | 做笔记情况 | 课后作业完成程度 | 出勤情况 | 在线学习兴趣 |
|---|---|---|---|---|---|---|
| 在线学习效果 | 0.341* | 0.029 | 0.039 | 0.272* | 0.1721** | 0.218* |

注:* 表示相关达到0.05显著性水平;** 表示相关达到0.01显著性水平。

2. 男女生在线学习差异调查分析

在得出高职学生在线学习效果影响因素的基础上，本次调查从性别差异的角度对影响课堂学习的因素进行研究，结果见表3-10。结果显示，除对在线学习的兴趣外，性别对任务点完成度、课后作业完成程度和出勤情况均产生了显著性影响。

表3-10　性别对在线学习影响因素的单因素方差分析

| 项目 | $F$ 值 | 显著性 |
| --- | --- | --- |
| 任务点完成度 | 5.691 | 0.000 |
| 课后作业完成程度 | 4.870 | 0.002 |
| 出勤情况 | 2.983 | 0.032 |
| 对在线学习的兴趣 | 0.739 | 0.317 |

3. 不同年级在线学习差异调查分析

本次调查从年级差异的角度对影响课堂学习的因素进行研究，结果见表3-11。结果显示，不同年级对任务点完成度、课后作业完成程度和出勤情况均产生了显著性影响。

表3-11　年级对在线学习影响因素的单因素方差分析

| 项目 | $F$ 值 | 显著性 |
| --- | --- | --- |
| 任务点完成度 | 4.870 | 0.002 |
| 课后作业完成程度 | 2.983 | 0.032 |
| 出勤情况 | 5.691 | 0.000 |
| 对在线学习的兴趣 | 0.739 | 0.317 |

## 七、调查结论

### （一）高职学生较为认可在线学习方式

在线学习方式具有传统学习方式缺少的天然优势。首先，在线学习的学习资源非常丰富，学习信息量大、覆盖面广，且不受时间、地域等因素限制，这给学习者提供了很大的学习便利；其次，相比传统学习而言，学习者在在线学习中拥有更多的学习主动权，也能跟教师、同学进行及时沟通和平等对话。在线学习的这些优点使得高职学生较为认可在线学习方式。

## （二）高职学生在线学习现状并不乐观，线上教学并不能完全取代线下教学

虽然高职学生较为认可在线学习方式，但调查问卷结果显示，高职学生的在线学习现状并不乐观，存在注意力不集中、自律性差、听课效率低、学习环境较差、学习难度大、学习软件过多、学习任务重、学习效果欠佳等诸多问题。相比单纯的线上学习，学生们更期待"在线学习+传统课堂教学"学习方式，将线上线下相结合，充分实现线上线下教学优劣势互补。

## （三）学习活动中的任务点完成度、课后作业完成程度和出勤情况显著影响高职学生的在线学习效果

高职学生在线学习效果与任务点完成度、课后作业完成程度和出勤情况这三方面存在显著的相关关系。同时，性别和年级均对出勤情况、任务点完成度和课后作业完成程度产生了显著性影响。

## （四）在线学习平台稳定性和互动性较差

高职学生使用最多的在线学习平台为学习通、钉钉和云课堂，并且大部分学生使用的教学平台超过3个，频繁切换学习软件易造成学习困扰和手机卡顿，继而影响学习效果。平台性能方面，高职学生认为各在线学习平台的操作界面较为简洁方便，视频播放功能中的倍速播放功能可以满足不同基础学生的学习需求，但是在线学习平台的稳定性和互动性较差，经常出现平台崩溃和卡顿现象，现有的签到、主题讨论、抢答等互动功能尚未满足高职学生对互动功能的需求。

# 第三节　大数据背景下高职学生在线学习情况改善对策

## 一、教师和学校层面

第一，因地制宜选择在线教学方案，重视学习任务的设计。教师应

分析不同专业、不同年级、不同班级学生的学习特点，从而选择合适的个性化的在线教学方案。根据学生的学习特点和课程需要，设计符合现实需要且能激发学生兴趣的学习任务。在学习任务设置过程中，应注重学习任务类型的多样性，不能拘泥于视频与文字材料，要多设置一些带有时间节点的学习任务，以督促学生开展在线学习，同时及时检验学生的在线学习效果。

第二，增强师生交互水平和社会临场感。教师在传授知识的同时，应做好学生学习社群的运营，通过课前开课仪式、发布学习任务，课中提供举手、提问、连麦、反馈等多种互动功能，课后与学生多方式沟通交流等方式，活跃学生学习社群的学习氛围，增强师生交互水平，提高学生的社会临场感。教师可以指定一名学习能力和组织能力较强的学生作为在线课堂助手，用于管理在线班级的纪律，整理学生的问题，老师在恰当的时期集中为学生解答疑惑，以增强学生在线学习的社会临场感。

第三，更新管理观念做好服务支持。在线教学从时间、空间、学校层级结构上打破了传统教学的固有模式：在线教学不一定以班级为单位，可以以年级为单位；教师可能不再"单打独斗"，而是以团队合作的形式给学生们呈现更多精彩内容；教师和学生都拥有了比传统教学更大的自主权；教师可能不再单独备课，而是集体协同备课；等等。这些都需要教师和教育管理者更新管理理念，做好学生在线学习的服务支持工作，为学生提供充分的资源、工具、培训、政策、指导等方面的支持。为了更好地做好学生在线学习的服务工作，高职院校需要组建一支由教研、管理、技术支持等专业人士构成的团队，驱动教师完成自组织、自管理。

## 二、学生层面

第一，在线学习过程中明确学习目标。相对于本科学生来说，高职学生学习基础较差，学习自控力较低，这需要高职学生在在线学习过程中明确学习目标，端正在线学习态度，专注于在线学习任务，克服在线学习中的各种困难，提高在线学习的身心投入度，从而提高在线学习效果。

第二，及时、积极地开展在线学习活动。高职学生要及时完成老师布置的课前、课中、课后在线学习任务，保质保量地完成视频、讨论等任务点，主动地搜索相关课程资源进行自主学习，积极与老师、同学开展探讨与交流，以提高在线学习的质量。

### 三、社会层面

第一，加强基础设施建设。经济欠发达地区的基础设施建设比较落后，计算机硬件和信号传输设备的建设水平较低，这对经济欠发达地区学生的在线学习造成了较大影响。国家应大力扶持经济欠发达地区的网络设施建设，在改善网络设备上加大资金投入，尽力提供技术、设备、资金和人员支持。

第二，改善线上学习平台性能。当下学生开展在线学习的平台种类较多，且各平台都存在一定的缺陷，譬如平台稳定性较差、互动功能较少等。高质量、功能完善的电脑软件和手机 APP 是开展优质线上教育的保障，应当不断提高各线上教学平台的性能和功能，同时在满足教学需要的基础上适当减少学生所使用的平台数量。

## 第四节 高职学生在线学习力影响因素分析

### 一、模型构建

动机可以激发、指向、维持和调节人的行为，是高职学生在线学习行为产生的直接动力，对高职学生在线学习效果起着重要作用。高职学生的在线学习动机可以分为三大类，分别是学习动力、自体支持、在线学习活动。第一，学习动力。学习动力指能激活和推动在线学习者在线学习行为的内部驱动力，可以细分为学习目标、个人发展和价值证明三个方面。第二，自体支持。自体支持指维持和规范在线学习者在线学习行为的调节类动机，可以细分为学习互惠力、学习管理策略支持和毅力支持。第三，在线学习活动。在线学习活动指在线学习者在线学习过程中所发生的具体在线学习行为，可以细分为课程访问活动、基于资源的学习活动、基于讨论的学习活动，其中，课程访问活动包括在线学习者登录课程、浏览课程页面等学习行为，基于资源的学习活动指在线学习者利用在线资源进行学习等活动，基于讨论的学习活动指在线学习者与同学、教师展开讨论和交流等活动。

## 二、研究假设与研究方法

### （一）研究假设

$H_1$：学习动力对自体支持有显著的正向影响作用；

$H_2$：学习动力对学习活动有显著的正向影响作用；

$H_3$：自体支持对学习活动有显著的正向影响作用；

$H_4$：学习活动对大学生在线学习力有显著的正向影响作用。

$H_1$、$H_2$、$H_3$、$H_4$之间的关系如图3-13所示。

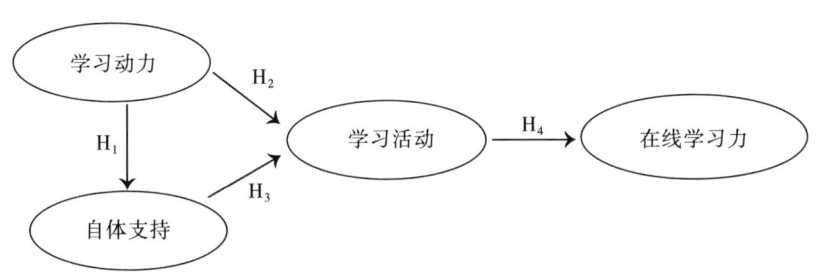

**图3-13 高职学生在线学习力影响因素模型**

### （二）量表的设计

参考李宝敏提出的"网络学习者在线学习力测评量表"，并结合高职学生在线学习现状，自编了"高职学生在线学习力影响因素测评量表"[①]。量表采用李克特五点量表计分法（非常不同意 =1，不同意 =2，一般 =3，同意 =4，非常同意 =5），共有 27 个题项，分为四个分量表，四个分量表的具体情况见表 3–12，总量表见附录 3，调查方式见本章第二节第二点"调查方案与实施"，量表的预调查见本章第二节第三点"预调查数据处理及检验"，量表发放及回收情况见本章第二节第四点"正式数据处理及检验"。

表 3–12　各分量表情况说明

| 分量表 | 题项 | 说明 |
| --- | --- | --- |
| 学习动力分量表 | 题 1–5，共 5 题 | 包括学习目标、个人发展、价值证明三方面 |
| 自体支持分量表 | 题 6–20，共 15 题 | 包括毅力支持、学习管理策略支持、学习互惠力三个方面 |
| 学习活动分量表 | 题 21–24，共 4 题 | 包括课程访问活动、基于资源的学习活动、基于讨论的学习活动三个方面 |
| 在线学习力分量表 | 题 25–27，共 3 题 | 包括在线学习完成的任务数量、质量和及时性三个方面 |

### 三、结构方程模型的检验与修正

结构方程模型可以较好地解释多个自变量与一个因变量之间的关系，变量可以有一定的测量误差，因此，使用结构方程模型可以较好地对收集的调查问卷进行数据分析。通过模型中的假设验证高职学生的学习动力、自体支持、学习活动与在线学习力之间的影响和作用关系。检验结果表明，学习动力对学习活动没有显著正向影响（路径系数 =–2.305，$P$=0.639），所以释放该路径关系，并针对修正后的模型进行再次检验，检验结果如表 3–13 所示。从表 3–13 可以看出：修正模型的标准化路径系数分布在 0.7 到 0.85 之间，说明检验参数合理；C.R. 值均大于 1.96，$P$ 值均在 0.001 的水平上显著，表明检验参数的显著性效果较好。

---

[①] 李宝敏, 宫玲玲, 祝智庭. 在线学习力测评工具的开发与验证[J]. 开放教育研究, 2018, 24（3）: 77–84, 120.

表 3-13 修正模型检验结果

| 模型路径 | S.E. | C.R. | $P$ | 研究假设 |
|---|---|---|---|---|
| H1：学习动力→自体支持 | 0.847 | 5.892 | *** | 成立 |
| H2：学习动力→学习活动 | — | — | — | 不成立 |
| H3：自体支持→学习活动 | 0.762 | 6.321 | *** | 成立 |
| H4：学习活动→在线学习力 | 0.701 | 7.483 | *** | 成立 |

注：*** 表示 $P<0.001$。

修正后模型的拟合检验结果如表 3-14 所示，结果显示：CMIN/DF 值 =1.978，RMR 值 =0.031，RMSEA 值 =0.064，GFI 值 =0.951，CFI 值 =0.942，均处于标准范围内。综合来说，修订后的假设模型拟合度较好。基于此，修正后的高职学生在线学习力影响因素模型及其标准化路径系数如图 3-14 所示。

表 3-14 拟合检验值与拟合标准值的匹配

| 拟合指标 | CMIN/DF | RMR | RMSEA | GFI | CFI |
|---|---|---|---|---|---|
| 拟合标准 | 1～3 | <0.05 | <0.08 | >0.90 | >0.90 |
| 检验结果 | 1.978 | 0.031 | 0.064 | 0.951 | 0.942 |

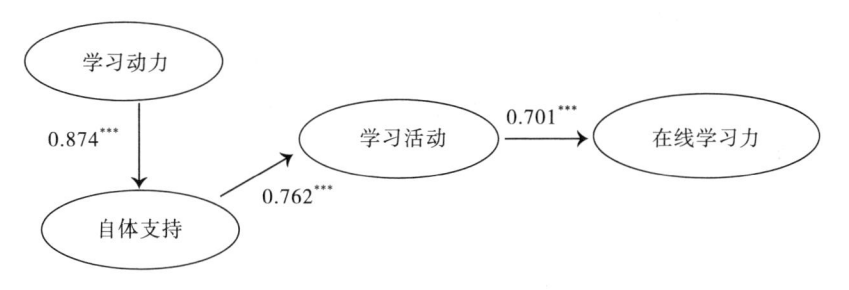

图 3-14 修正后模型的标准化路径系数图

注：*** 表示 $P<0.001$

## 四、模型结果分析

### （一）学习活动对高职学生在线学习力有直接影响

从假设 $H_4$（学习活动对大学生在线学习力有显著的正向影响作用）的检验结果可以看出，学习活动对在线学习力具有显著的直接影响（路径系数 =0.701，$P<0.001$）。这说明高职学生若能深度、持续地参与在线学习

活动，可以为其带来较高水平的在线学习力。

## （二）学习动力和自体支持对高职学生在线学习力有间接影响

从假设 $H_1$（学习动力对自体支持有显著的正向影响作用）、$H_3$（自体支持对学习活动有显著的正向影响作用）、$H_4$（学习活动对大学生在线学习力有显著的正向影响作用）的检验结果可以看出，虽然学习动力对在线学习力没有直接影响作用，但它能通过自体支持和学习活动的中介作用对在线学习力带来间接影响。从假设 $H_1$（学习动力对自体支持有显著的正向影响作用）的检验结果可以得知，学习动力对自体支持具有显著的直接影响（路径系数 $=0.847$，$P<0.001$）。这说明，高职学生在线学习时具有明确的个人发展追求和学习目标，有助于学习管理策略水平、毅力水平和学习互惠力水平的提升。

从假设 $H_3$（自体支持对学习活动有显著的正向影响作用）、$H_4$（学习活动对大学生在线学习力有显著的正向影响作用）的检验结果可以看出，虽然自体支持对在线学习力没有直接影响作用，但其能通过学习活动的中介作用对在线学习力产生间接影响。从假设 $H_3$（自体支持对学习活动有显著的正向影响作用）的检验结果可以看出，自体支持能对学习活动产生显著的直接影响（路径系数 $=0.762$，$P<0.001$）。这说明，较高的学习管理策略水平、毅力水平和学习互惠力水平，能促进高职学生在线学习力的提高。

## 五、结论和讨论

第一，高职学生在线学习过程中应明确个人发展追求和学习目标，高职教师在线教学过程中应关注学生的学习目标和毅力水平。适当水平的在线学习动机可以促进高职学生全身心地投入在线学习中，能对高职学生在线学习行为的产生与维持产生积极的促进作用。高职学生在线学习过程中，应明确个人发展追求和学习目标，要有不懈努力和挑战的精神，克服在线学习中的困难，把克服困难当成进步的阶梯，专注于在线学习的学习目标与学习任务，减少外部事件对在线学习的干扰。高职教师在线教学过程中要时刻关注学生的学习目标和毅力水平，通过讲解专业动态、引导学生制定长期和短期学习目标等方法培养学生强烈的学业信心和专业归属感，通过集体奖励、个体奖励、榜样示范等方法多途径增强学生的毅力。

第二，高职学生应积极提高学习管理策略和学习互惠力。高职学生在线学习过程中，应根据实际情况灵活调整在线学习计划，将所学与实践联系起来，将已知与未知联系起来，思考如何将所学知识应用在未来的工作实践中。在线学习过程中，高职学生应提高与老师、同学沟通的频率，积极分享自己的观点，多向他人学习，遇到困难及时向老师、同学请教，总结一套适合自己的个性化的在线学习方式。与此同时，高职教师应针对不同年级的学生提供个性化的在线管理策略指导，比如邀请优秀的高年级学生参与低年级学生的在线经验交流会，分享在线学习经验，提升低年级学生的在线学习策略与管理能力。

第三，高职学生应积极开展课程访问活动。为了提高在线学习力，高职学生在线学习过程中应积极开展课程访问活动，深度参与基于资源的学习活动和基于讨论的学习活动，并根据不同学习活动和学习内容灵活运用多种学习策略，例如在线学习讨论中能掌握提问方式与方法，在线学习过程中能监控自己的学习过程，能调整自己的学习状态等。与此同时，高职学生在线学习过程中要做到不缺课不迟到不早退，按时登录课程、浏览课程页面，及时完成在线学习的任务点、课中讨论、课堂练习及课后作业。

## 第五节　大数据背景下高职学生在线学习力改善策略

教学质量是高职院校的生命线，高质量的在线学习能维持高职院校的可持续发展。大数据背景下，教育行业发生了巨大变化，慕课、微课、翻转课堂等各种形式的在线学习方式开始出现，在线学习已成为高职学生日常学习中的一部分。这在给高职院校的日常教育教学及教学改革带来机遇的同时，也让高职院校面临着严峻的挑战。面对纷繁复杂的网络世界，如何提高高职学生的在线学习力,继而改善在线学习效果,是高职院校亟须解决的重大问题。

## 一、构建教师在线学习力

大数据背景下,慕课、微课、翻转课堂等数字化教学方式不断涌现,各种在线学习方法已逐渐渗入传统教学中,在线学习已成为学生们获得知识的重要途径之一,在线学习力成为教师完成在线教学、学生完成在线学习的重要能力之一,在线学习力的提升对提高在线学习质量起着至关重要的作用。

想要提升学生的在线学习力,首先要确保教师具有较强的在线学习力,坚持不断自我学习、自我提升的教师能在无形中感染、影响学生,引导学生积极开展学习活动。高职教师在传统课堂教学之余,要不断学习各种新型信息技术手段,学习拍摄、制作微课视频,重塑知识结构,思考在线学习的评价方式,以提升自身的在线学习力。

一是在线教学前,高职教师要不断学习新知识、新技能,更新教育观念,提高"双师"技能,掌握在线教学所需技能,提前熟悉各教学平台的使用方法,做好处理卡顿、掉线等突然情况的准备工作,了解所带学生的学习特点,做好在线教学的备课工作,在线课程框架设置合理、资源丰富,确保学习任务贴近生活、贴近实际、贴近学生。

二是在线教学中,高职教师要选择适合的在线教学方式,充分信任、尊重和关爱学生,激发学生的求知欲,善于捕捉学生的闪光点,发挥教师自身个性与特色,做到在线教学生动、幽默、有吸引力,增加与学生的互动,挖掘学生的学习潜力,对在线学习表现较好的学生及时给予评价和鼓励,通过互动、提问、连麦等方法保持在线学习的现场感和观众感。一般来说,高职学生的文化基础不扎实、自控能力不强、学习目标不够明确、学习自信心不足,中学时期也不够受老师重视。进入高职院校后,学生们又站在新的同一起跑线上,此时,老师应在在线教学过程中帮助高职学生树立学习自信心,明确学习目标,端正学习态度。

三是在线教学结束后，高职教师应做好学生网络社群的维护工作，及时为学生答疑解惑，总结在线教学中的优缺点，分析在线教学的改善方法，提升教育新时代的教育教学能力。

## 二、优化在线学习环境

良好的在线学习环境是提升学生在线学习力的有力保障。在线学习环境包括校园文化和网络虚拟学习环境。

### （一）提升校园文化环境

校园文化是一个无声的课堂，是一种无形的精神力量，能使校园中的每一分子教有其所、学有其所、乐有其所，在求知、求美、求乐中受到潜移默化的启迪和教育。校园文化是学校发展的灵魂，是凝聚人心，展示学校风采，提高学校文明素养的重要体现，它对学生的人生观、价值观及日常学习产生着潜移默化的深远影响。校园文化建设对学生产生着潜移默化的影响，日常生活中看似很小的践行方法，但是和大是大非、行为抉择一样，也会体现出自身的价值观念及道德准则。因此，教师作为传授者，对于学生的思想道德与文化教育，绝不能停留在书本文字上，而是要言传身教、结合实际，从小事做起、管好小节，让学生热爱学校的一草一木，让学生了解学校的课程文化、管理文化与活动文化。教师还应积极提升自身对环境育人重要性的认识，做好专业文化建设和班级文化建设，从物质环境、精神环境、文化环境、课程环境等方面开展校园文化建设。与此同时，为了充分发挥校园文化的育人氛围，推动校园文化建设向纵深发展，高职院校应在不断提升校园硬件设施的同时，不断提升校园软环境建设，将校园文化与教学课程相结合，营造一个知学、好学、善学、笃学的和谐校园。

### （二）提升网络虚拟学习环境

信息技术高速发展的背景下，优化在线学习环境，除了做好校园文化建设，还应做好网络虚拟学习环境建设。

第一，优化校园网络建设。通过全面覆盖的校园网络、现代化的技术设备和多媒体教学手段，促进教师的在线教学与学生的在线学习，增强学生的学习兴趣和理解水平，提高在线教学质量。通过校园网络可以统一管理教学资源，如学生档案、教学资料、考试成绩等，还能提升教师在线教学和学校教务部门教学管理工作的效率。

第二，净化网络学习环境。随着智能手机的普及和校园Wi-Fi的全覆盖，不少学生逐渐沉迷于手机游戏、看短视频、追剧等活动中，给学生的学习及健康成长带来了一定的危害。学校应净化校园网络环境，引导学生科学运用网络资源，鼓励学生多使用网络资源开展学习、实践等活动。学校和教师可以通过讲座形式，向学生们介绍移动图书馆及智慧职教、学习通、国家精品课程资源网、学堂在线等在线教育平台的使用方法，提高学生获取信息、开展在线学习的能力。

第三，做好在线学习的社群建设。授课教师应在教育教学平台及微信、QQ、微博等APP上做好班级的在线学习社群建设，及时与学生开展在线交流与互动，解答学生的学习疑惑，督促学生按时完成在线学习的任务点，建立学生的学习自信心，提升学生的在线学习力。

### 三、建立在线学习电子档案

虽然高校给每位学生都建立了档案，但尚缺少针对学生在线学习的动态档案。大数据背景下，高职院校可以借助大数据技术开发高职学生学习力电子档案管理系统，搜集、挖掘学生的在线学习数据，为每位学生建立学习力电子档案，由辅导员统一管理。

学生在线学习电子档案主要包括三部分：第一部分是学生的基本信息，如入学时的信息、每学期成绩单等；第二部分是学生的动态学习信息，如在线学习平台的登录时长、登录次数、视频观看时长、讨论次数、任务点完成百分比、作业完成度、作业正确率、考试分数、成绩排名等；第三部分是学生的拓展信息，如参与社会实践、学生社团、顶岗实习、发明创造、参与竞赛、职业技能证书、获奖证书等信息。

通过学生的在线学习电子档案，全方位追踪学生的在线学习状况，了解学生的学习习惯、学习时长、学习模式，分析学生的学习特点、学习难点，及时发现出现学习困难甚至试图放弃在线学习的学生，以及可能出现心理问题的"高危学生"，真正做到根据不同学生的特点制定个性化的在线学习方案。具体来说，对于在线学习出现困难的学生，应当传授一些在线学习策略，降低在线学习要求，提升在线学习信心；对于"高危学生"，除辅导员和专业教师安排好在线学习节奏外，应当派专业的心理咨询师进行指导；对于在线学习效果较好的学生，应当提高在线学习要求，引导其进行深度学习，挖掘这部分学生的潜力。在线学习力档案还可以让学生看到自己的学习发展轨迹，掌握自己的学习动态以及发展情况，从而学会自我管理、自我教育。此外，学生的在线学习力档案还可以帮助教育部门深入了解当下学生的学习特点、学习兴趣与学习偏好，据此制定教育政策和开展教育教学改革。

## 四、加强团队协作学习

在线学习过程中，采取大班教学，实行团队协作学习，可以提高学生的思考能力、解决问题的能力和创新能力，能引导学生主动学习，加快学生获取信息的速度，还能为学生提供更多的学习机会和学习空间，从而提升在线学习力。团队协作学习首先应分组，小组人数以5人左右为佳，根据在线学习力档案提供的信息数据，按照"组内异质、组间同质"方式划分小组，使得组内成员的思维习惯、认知结构、认知水平和学习能力等方面有所不同，而不同小组的学习成绩、综合能力、认知结构在整体上应该旗鼓相当，以便实施公平竞争，挖掘学生的学习潜力，激发学生的学习兴趣。一般来说，小组的划分在班级内完成，如果遇到一些特殊的学习任务，也可以跨班级，甚至跨年级、跨专业、跨系部、跨学校组建学习小组。组建好小组后，要根据综合能力、学习成绩、责任意识、沟通能力、奉献意识等条件综合选择小组负责人。小组负责人要负责好小组内部的工作分配和团队协作，激发小组整体的核心力量，发挥小组成员的个人特色，使团体智慧最大化。除了日常学习外，小组还可以根据本身特点参与各类比赛，如全国"挑战杯"大学生创新创业竞赛、黄炎培创业大赛、各类职业技能竞赛等，通过这些比赛增强动手操作能力，提高团队协作能力，发挥个体主动性和积极性，学会谦让、包容和尊重他人，学习与他人共享资源、合作分工、沟通交流，增强分析问题和解决问题的能力，增强学习兴趣和学习自信心，激发挑战能力，爆发创造力，以提高社会竞争力。

## 第六节 基于文本情感分析的高职学生在线学习体验研究

### 一、研究背景与意义

#### （一）研究背景

职业教育的发展水平体现着国家的经济发展水平和教育的现代化水平。党的十八大以来，尤其是国务院颁布《国家职业教育改革实施方案》以来，我国职业教育改革发展走上提质培优、增值赋能的快车道，职业教育面貌发生了格局性变化。截至2021年4月，我国共有职业学校1.13万所，职业教育在校生共3088万人。我国已建成世界规模最大的职业教育体系，培养了一大批支撑经济社会发展的技术技能人才。

近20年来，网络技术和信息技术的发展已经深刻地改变了我国职业教育的教学模式。在线教学方式的普及，使得职业教育教学方式出现了根本性变革，职业教育教学将越来越多地从以教师为中心的教学方式转向以学生为中心的教学方式。如何提高学生在线学习能力和满足学生个性化学习需求是职业教育改革亟须解决的重要问题。

在线学习已越来越多地贯穿到职业教育中，如何提高在线学习体验是职业教育在线学习所要解决的核心问题之一。高职学生学习体验研究是职业教育发展到一定历史阶段的产物，是满足学生个性发展需求和体现职业教育发展水平的重要衡量指标，是体现职业教育发展走向成熟的重要标志，也是检验职业教育改革成效的重要指标。

### （二）研究意义

生命是教育的本质，体验作为生命的基础，是个体的生命历程和内心形成物，是通过亲历所获得的对生命内在隐秘本质的独特感悟。学习体验关注学生亲历学习活动的过程，影响学生的认知过程和结果。从学习体验角度出发关注在线学习，可以丰富在线教育、在线课程建设理论，促进优质教育资源共享和教育教学改革，提升在线课程质量和人才培养质量。

在线课程是改革传统的教与学形态、推动课堂革命的重要力量。党的十九大强调，"必须把教育事业放在优先位置，深化教育改革，加快教育现代化，办好'网络教育'，办好人民满意的教育"。高职学生是在线课程学习的庞大群体，研究其在线学习体验，可以提升高职院校在线课程教学质量和人才培养质量，促进高职教育教学改革，具有重要的理论和现实意义。

理论意义上，运用学习体验的相关理念与观点，结合大数据背景调研高职学生在线学习的学习体验相关情况，可以拓展学习体验的应用领域，丰富在线教育理论和在线课程建设理论，为高职院校培养高素质技术技能人才提供重要的支持，为高职学生在线学习的相关研究提供新思路，添加新成果。

现实意义上，从学习体验角度出发探讨在线学习效果，将大数据技术应用于高职学生在线学习体验研究中，可以提高教师教育行为的有效性，为相关部门制定政策提供决策咨询，为高职学生提升在线学习效果提供理论指导，为高职院校教育教学改革及提升人才培养质量提供决策支持，促进优质教育资源共享和教育教学改革。

## 二、大数据技术在改善学习体验中的作用

随着信息技术的诞生与快速发展，各行各业走上信息化道路是必然趋势，其中，教育信息化是我国信息化建设中的重要内容。相比传统数据技术而言，大数据技术的数据处理具有全面性、及时性和应用性等特点，突破了传统数据处理的滞后性和以探索因果关系为主的局限性，在教育信息化中发挥着重要作用，能对在线学习者的学习活动产生积极作用，可以从多个层面为在线学习者提供个性化服务，全面优化学习者的在线学习体验。具体来说，使用大数据技术手段，可以拓展学习资源、丰富学习手段、完善学习平台，从而改善学习者的在线学习体验。

### （一）拓展学习资源

互联网的交互性、便捷性、开放性及资源丰富性能极大拓展学习者的学习空间，为学习者在线学习的开展提供良好的支持。在线学习中，学习资源的丰富与否对学习者的学习体验有着至关重要的影响。相比于数量有限、形式单一的传统学习资源，大数据背景下的学习资源从纸质资源转向数字资源，丰富多样、易获取及质量高的数字学习资源能提高在线学习者的学习兴趣，维持学习者在线学习活动的持续开展。大数据技术可以分析学习者的学习基础、学习特点及学习习惯，为学习者推送适合自己学习基础的个性化学习资源，从而极大地提高学习者的学习体验。

### （二）丰富学习手段

在学习者的学习过程中，学习手段是否有效，是否满足当代学生的需求，对学习者的学习体验有着非常重要的作用。大数据技术可以创新学习方式、丰富学习形式，为学习者提供多样化、个性化的学习手段，从而营造浓厚的学习氛围。大数据背景下，日常教学中可以充分运用广播、电视、网络等媒体形式，职教云、学习通、网易云课堂等各大在线学习平台，以及翻转课堂、MOOC、SPOC等新型教学方式。这些丰富多样的学习手段可以拓宽学生视野、活跃课堂形式、拓展学习空间、强化学习效果。使用大

数据手段，还可以获取学生在这些新型学习手段中的学习数据，从而了解学生的学习状态，改进教学方案，提高学生的学习体验。

### （三）完善学习平台

相比于线下学习，大数据技术更多地运用于线上学习。线上学习的顺利开展离不开各大在线学习平台，大数据技术可以不断完善各大在线学习平台的性能，丰富各大在线学习平台的功能，从而优化学习者的在线学习体验，激发学习者的学习兴趣。具体来说，运用大数据技术可以将同一门课程的学习内容分层化，根据不同学习者的学习基础提出不同层级的学习要求，完成相应学习内容，获得学习成绩或学分，还可以根据不同学习者的学习特点个性化定制学习资源和习题。在线学习平台应为教师和学生提供方便、有效的教学数据和学习数据，教师通过学习平台提供的数据，可以精准地掌握学生的学习状态，及时调整教学难度和教学方法；学生通过学习平台提供的数据，可以了解自身学习进度和学习效果，及时调整学习计划。

## 三、实证分析

已有相关研究成果中，在线学习体验的数据和资料获得方式大多以问卷调查和质性访谈为主，这些方式较难触摸到学生内心深处的真实感受。因此，我们将使用爬虫软件搜集微博平台上高职学生在线学习的评论，并对其进行词频统计、词云绘制和情感分析，以此展开针对高职学生群体的在线学习体验研究。

### （一）数据采集、清洗和分词

使用 Python 网络爬虫技术手段获取微博平台上高职学生在线学习评论的文本数据，并安装好 Anaconda3 及 requests、json、wordcloud 等程序包。数据来源主要为以下三类：一是"高职网课""高职学生网课现状""高职院校在线课程"等热点话题的相关评论；二是在全国各高职院校微博主页搜索与在线课程相关的博文，搜集这些博文下的评论；三是学习通、钉钉、腾讯课堂、中国大学 MOOC 平台、腾讯会议等在线教学平台的相关评论。确定采集的时间段为 2020 年 3 月 1 日至 4 月 30 日，共爬取到 9781 条评论。

采集完数据后，需要对数据进行清洗。去除话题评论中含有的共同话题词，如"高职网课""高职网课日常"等，避免因主题词重复计数而影响后续的分词和词频统计工作；再剔除主要由英文字母、标点符号、空值、数字、单个汉字等不相关词汇重复组合而形成的无效评论。本节主要通过 Excel 的查找与删除重复项功能、Python 的去除标点符号与空值命令以及人为筛选的方式进行数据的清洗。

完成数据清洗后，使用 Python 中的 Jieba 分词对高职学生在线学习评论数据进行中文分词处理。Jieba 分词适合于文本分析，它可以精确地分开句子，扫描出句子中所有可以成词的词语，为随后的词频统计做好准备。

## （二）词频统计

词频统计是文本数据的一种表征方法，一个词语在文本中出现的频率越高，说明该词语就越有可能表征这个文本。使用 Python 的 collection 模块对文本数据中的所有词语进行词频统计，将词语按词频的大小进行降序排序，排在前 20 的词语如表 3-15 所示。

表 3-15 词频统计表

| 词语 | 词频 | 词语 | 词频 |
| --- | --- | --- | --- |
| 网课 | 1137 | 在线 | 346 |
| 签到 | 978 | 软件 | 312 |
| 视频 | 756 | 直播 | 283 |
| 手机 | 717 | 电脑 | 267 |
| 网速 | 643 | 眼睛 | 251 |
| 打卡 | 612 | 压力 | 216 |
| 作业 | 429 | 老师 | 195 |
| 课程 | 416 | 学习通 | 167 |
| 上网 | 395 | 高职 | 149 |
| 上课 | 353 | 录播 | 126 |

## （三）词云绘制

词云图具有与视觉信息进行快速交换的功能，它以视觉符号为载体凸显文本中难以通过文字表达的内容。使用 wordcloud 程序包制作高职学生在线学习评论的词云图，如图 3-15 所示。词云图中词语文字的大小代表该词语频率的高低，某词在词云图中越大，表示该词在文本中出现的频率越高。从图 3-15 可以看出，词云图中最突出的几个词是"网课""签到""视频""手机""网速""打卡""作业"，其次是"课程""在线""软件""直播""电脑""眼睛""压力"等词。

图 3-15　微博评论词云图

**（四）情感分析**

1. 词对匹配

按照如下三个步骤对高职学生在线学习评论的特征词与情感词进行匹配：

第一，词性标注。词性标注是为了对评论中的所有词语进行词性分类，即确定每个词语是名词（/n.）、动词（/v.）、形容词（/adj.）、副词（/adv.）或其他词性。

第二，归纳词性搭配。按照汉语的语言表达习惯，归纳了六种常见的词性搭配：第一种为名词+形容词，如网课好、系统卡、作业多、压力大等；第二种为动词+名词，如喜欢网课、支持网课、讨厌在线课程等；第三种为动词＋动词，如忘记签到、期待开学、想回校、早起打卡等；第四种为动词＋副词，如收获大、签到迅速等；第五种为名词＋副词＋形容词，如网络非常慢、课程很无聊、家里很吵、眼睛太难受等；第六种为名词＋双副词＋形容词，如平台不是很流畅、视频不是很清晰等。

第三，匹配特征词与情感词，形成特征情感词对。部分特征情感词对如表3-16所示。

表3-16　部分特征情感词对

| 特征词 | 特征情感词对 |
| --- | --- |
| 网课 | 支持/v.网课/n.、喜欢/v.网课/n.、网课/n.很/adv.好/adj.、网课/n.不是/adv.很/adv.流畅/adj.…… |
| 签到 | 忘记/v.签到/v.、签到/v.迅速/adv.…… |
| 视频 | 视频/n.很/adv.好/adj.；视频/n.无聊/adj.；视频/n.太/adv.难/adj.；喜欢/v.看/v.视频/n.…… |
| 作业 | 作业/n.太/adv.多/adj.；作业/n.非常/adv.难/adj.…… |
| 课程 | 课程/n.有点/adv.难/adj.；课程/n.太/adv.多/adj.；课程/n.非常/adv.卡/adj.…… |
| 眼睛 | 眼睛/n.难受/adj.；眼睛/n.痛/adj.；眼睛/n.不/adv.舒服/adj.…… |
| 压力 | 压力/n.大/adj.；压力/n.非常/adv.大/adj.…… |
| 老师 | 喜欢/v.老师/n.；讨厌/v.老师/n.；老师/n.太/adv.烦/adj.…… |
| …… | …… |

2. 建立情感词库

情感词库主要由基础情感词词典、否定词词典和程度副词词典组成。

第一，基础情感词词典。基础情感词词典包括正面和负面情感词语，是在对网络情感词词典进行归纳和总结的基础上，人为添加与高职学生在线学习体验相关的一些情感词语后形成的。

第二，否定词词典。否定词词典主要用来判断情感倾向。

第三，程度副词词典。不同程度副词在情感的强弱上存在差异，例如"课程太难"比"课程有点难"的情感更为强烈。因此在情感词库中加入了程度副词词典，并赋予各程度副词一定的权重值，以提高情感分析的准确性，具体见表3-17。

表 3-17 程度副词权重值

| 级别 | 举例 | 权值 |
|---|---|---|
| 超（most） | 特别、太、绝对 | 2 |
| 非常（very） | 十分、很、分外 | 1.5 |
| 较（more） | 比较、还、愈加 | 1.25 |
| 稍（slightly） | 有点、稍许、略微 | 0.5 |
| 不足（insufficiently） | 轻度、相对、丝毫 | 0.25 |

3. 计算情感短语的情感得分

情感短语由情感词、所有否定词、程度副词构成，即 SentiWord+NotWord+DegreeWord。其情感得分计算公式如下：

$$Finalscore=(-1)^{sum(NotWord)} \times DegreeWordWeight \times SentiScore$$

上式中 Finalscore 表示情感短语的情感得分，sum（NotWord）表示情感短语中否定词的总个数，DegreeWordWeight 表示程度副词的权值（根据表 3-17 获得），SentiScore 表示情感词的情感得分（根据情感词典获得）。例如在情感短语"不是很开心"中，"不是"为否定词，"很"为程度副词，"开心"为情感词，该情感短语的情感得分为：$Finalsentiscore=(-1)^1 \times 1.5 \times 3.546 = -5.319$。

4. 计算评论的情感得分

某条评论的情感得分为该评论中所有情感短语的情感得分之和。根据计算公式依次计算每个情感短语的情感得分，最后汇总得到整句评论的情感得分。若评论语句中不含情感词，则该句的情感得分为 0，定义为中性情绪；若评论语句的情感得分大于 0，则定义为积极情绪；若评论语句的得分小于 0，则定义为消极情绪。最终得到高职学生在线学习的情感倾向如图 3-16 所示。

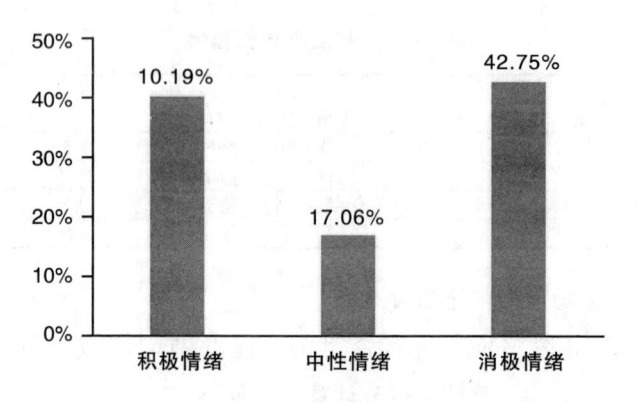

图 3-16　情感倾向柱状图

对高职学生在线学习体验的情感得分进行描述性统计分析，结果如表 3-18 所示。从图 3-16 和表 3-18 可以得知：情感倾向为积极情绪的评论在总评论中的占比为 40.19%，其情感得分均值为 3.0214，最高值为 19.3741；情感倾向为中性情绪的评论在总评论中的占比为 17.06%；情感倾向为消极情绪的评论在总评论中的占比为 42.75%，其情感得分均值为 -3.7539，最低值为 -21.4895。从整体来看，高职学生在线学习体验的情感得分均值为 -0.8753。

表 3-18　评论的情感倾向描述性统计结果

| 情感倾向 | 均值 | 极值 |
| --- | --- | --- |
| 积极情绪 | 3.0214 | 19.3741 |
| 中性情绪 | 0.0000 | — |
| 消极情绪 | -3.7539 | -21.4895 |
| 合计 | -0.8753 | — |

## 四、结论与建议

### （一）结论

第一，高职学生较为认可在线学习方式。从词云图得知，"喜欢""支持""不错"等是高职学生在线课程评价的高频词；通过情感得分的计算得知，情感倾向为积极情绪的评论在总评论中的占比为 40.19%，其情感得分均值为 3.0214。说明从整体来看，高职学生对在线学习方式持较为认可的态度。

与传统课程相比，在线学习方式具有浑然天成的优势。一是在线学习不受时间、地域等因素限制；二是学生有较大的学习主动权，打破了传统教学中学生被动学习的局面；三是在线学习具有非常丰富的学习资源；四是在线学习具有一定的交互性，学生可以跟教师、同学进行平等对话和及时沟通；五是在线学习信息量大、覆盖面广。正是因为这些优点，使得高职学生对在线课程整体持较为认可的态度。

第二，高职学生在线学习体验不容乐观，线上教学并不能完全取代线下教学。从词频统计和词云图得知，"压力""好烦""没意思"等是高职学生在线课程评价的高频词；通过情感得分的计算得知，高职学生在线学习体验的整体情感得分均值为 −0.8753，同时情感倾向为消极情绪的评论在总评论中的占比为 42.75%，其情感得分均值为 −3.7539。说明高职学生在线学习体验不容乐观，线上教学并不能完全取代线下教学。

此外，从词频统计和词云图得知，"作业""眼睛""崩溃""分神""太难""听不懂""难受""视力""变差""卡顿"等是高职学生在线课程评价的高频词，说明高职学生在线学习过程中存在学习任务重、注意力不集中、自律性差、听课效率低、学习软件过多、学习环境较差、学习难度大等问题，这些问题在一定程度上拉低了学生的在线学习体验。

（二）建议

第一，关注高职学生在线学习毅力水平，提高高职学生在线学习动机。

在学习毅力和学习动力的驱动下，学生可以不断发展在线学习经验，生成学习智慧，提高在线学习体验。一般来说，高职学生的自制力不强，学习基础不牢，教师应当在在线学习中关注学生的毅力水平，并依据学生个性化需求和不同学习阶段的要求，有针对性地提供在线管理策略指导，培养学生成为一个具有学习力的网络学习者。在线学习的动机对在线学习行为的产生与维持有着积极的促进作用，拥有适当水平学习动机的学习者会更加身体力行地投入学习活动当中去。高职学生在线学习过程中应专注于在线学习课程所提供的学习目标，克服学习过程中的困难，排除内外干扰，减少当干扰事件发生时放弃学习的概率，有助于提高其在在线学习活动中的身心投入度。

第二，增强师生交互水平和社会临场感，助力学生在线学习体验的提升。

在线教学交互可以促进学生的有效学习，激发在线学习体验。教师可以在在线课程开始前设置一个简单的开课仪式，通过在线学习工具开展举手、连麦、提问、反馈等多种互动活动，以增强师生交互水平，提高学生的社会临场感。与此同时，教师要做好学习者社群的运营，提高社群的活跃度，尽可能地为学习者营造更多的"在场感"。对于学校和社会而言，应积极推动技术平台更新升级，为激发学生的在线学习体验提供技术保障。

## 参考文献

[1] Kriby W C. 学习力 [M]. 海口：南方出版社，2005：6-7.

[2] 吴明隆. 结构方程模型——AMOS 的操作与应用 [M]. 重庆：重庆大学出版社，2009：37-58.

[3] 张秦，陈铁. 基于文本情感分析的高职学生在线课程学习体验研究 [J]. 江苏高职教育，2021，21（3）：62-67.

[4] 杨晓宏，李运福. 我国网络课程研究热点与趋势分析 [J]. 现代远距离教育，2018（3）：3-11.

[5] Claxton G. Building learning power：Helping young people become better learners [G]. Bristol TLO，2007：16-17.

[6] ELLI Online. Effective life long learning inventory [EB/OL]. [2014-10-10]. http://www.docin.com/p-454437301.html.

[7] 郭灵婕. 网络直播教学中学习者在线学习力及其影响因素研究 [D]. 武汉：华中师范大学，2019.

［8］刘烨，付秋芳，傅小兰. 认知与情绪的交互作用［J］. 科学通报，2009，54（18）：2783-2796.

［9］裴娣娜. 学习力：诠释学生学习与发展的新视野［J］. 课程.教材.教法，2016，36（7）：3-9.

［10］李宝敏，祝智庭. 从关注结果的"学会"，走向关注过程的"会学"：网络学习者在线学习力测评与发展对策研究［J］. 开放教育研究，2017，23（4）：92-100.

［11］Crick R D. Learning power in the workplace: The Effective Lifelong Learning Inventory and its reliability and validity and implications for learning and development［J］. The International Journal of Human Resource Management，2013（24）：11.

［12］管珏琪，祝智庭. 技术丰富环境下学习力构成要素：一项探究设计研究［J］. 中国电化教育，2018（5）：1-7.

［13］秦天程. 人工智能教育语境下高职学生的学习力特征和提升途径［J］. 中国职业技术教育，2021（20）：88-92.

# 第四章　大数据在高职学生在线学习成绩预测中的应用

随着在线学习规模的日益扩大，在线学习成绩预测已逐渐成为教育大数据挖掘的热门领域。将在线学习中蕴含的教育大数据与人工智能等新兴技术相融合，深度探索在线学习过程中各因素之间的内在关系，构建高职学生在线学习成绩预测模型，可以预判高职学生的最终在线学习表现及成绩类别，从而为制定学习计划、调整教学策略、改善学习效果及学业预警等提供重要依据。

## 第一节　人工神经网络概述

### 一、预测方法综述

#### （一）时间序列预测模型

时间序列模型属于动态计量经济学范畴。一般来说，时间序列模型是将样本时间序列的过去值、当期值以及扰动项联系起来，建立一个模型，通过该模型以及已有的样本时间序列数据来揭示隐藏在时间序列中的内在规律。时间序列预测模型研究的是变量与时间推移过程的关系，它是通过统计规律构造最佳的数学拟合模型，将变量与时间的关系浓缩在模型中，然后用此数学模型预测该变量未来一段时间内的发展状况[①]。常用的时间序列预测模型有以下几种。

1. 差分自回归移动平均模型（auto-regressive integrated moving average model，简称 ARIMA）

ARIMA 模型的主旨是把被研究的时间序列数据看成一个随机的序列，选定一个恰当的数学模型来近似描述这个序列。只要建立好的模型被识别了，下一步就可以使用时间序列的历史数据和当期数据对研究对象的未来值进行预测。ARIMA 模型在具体的软件操作中将对下面三项做回归：自变量的滞后项、随机误差的当期项、随机误差的滞后项，模型通过对这几项的回归，可以将一个非平稳的时间序列转变成平稳的时间序列。

2. 向量自回归模型（vector auto-regression，简称 VAR）

VAR 模型是基于数据的统计性质建立模型，当面对多个相关的经济指标或预测经济指标时，VAR 模型相对于别的时间序列模型更具有可操作性。VAR 模型与其他时间序列模型间存在较强的内在联系，当具备一定条件时，ARMA 模型（auto-regressive moving average model）和 MA 模型（moving average model）可以转换成 VAR 模型。

3. 自回归条件异方差模型（auto-regressive conditional heteroskedasticity model，简称 ARCH）

一些研究者在研究外汇汇率和股票价格等金融时间序列时，发现这些时间序列的预测精度经常发生浮动且幅度较大，并发现这些浮动跟时间有关。某一时期的预测误差较大，而另一时期的预测误差相对较小，这些变化很有可能受到了政局动荡、战争、自然灾害、财政政策变化、货币政策变化以及金融市场波动等的影响。因此，研究者们经过研究后认为误差项的条件方差会跟随时间发生变化，且其对过去误差的大小有依赖关系。

---

① 易丹辉，王燕. 应用时间序列分析［M］. 北京：中国人民大学出版社，2019.

恩格尔（Engle）最早提出 ARCH 模型，用来刻画时间序列预测时可能存在于误差项条件方差里的某种相关性。ARCH 模型把当下所有可以利用的信息作为已知条件，采取一种自回归方法来描绘时间序列方差的变化情况。ARCH 模型中，不同的时刻上任意一个时间序列能够利用的有效信息都不同，相对应的条件方差也不一样，扰动项的条件方差依赖于它的前期值的大小。ARCH 模型的基本思路是：在已知的信息集下，任意一个时刻发生的一个噪声服从正态分布，这个正态分布的均值为零。同时，该正态分布对应的方差是会跟随时间发生变化的条件方差，是过去有限个噪声值取平方后的线性组合。

4.广义自回归条件异方差模型（generalized auto-regressive conditional heteroskedasticity，简称 GARCH）

GARCH 模型由 ARCH 模型拓展而来，是 ARCH 模型的一种特例，常被称为"广义 ARCH 模型（generalized ARCH）"。博勒斯莱（Bollerslev）将恩格尔（Engle）提出的 ARCH 模型发展成为 GARCH 模型。GARCH 模型对误差的方差进行了进一步的建模，特别适用于波动性的分析和预测。

（二）人工神经网络预测方法

人工神经网络是在模仿人类大脑的基础上研究出来的一种具有数学特性的模型，它通过大量而有限个神经元组成一个并行分布系统，这些神经元之间通过某种拓扑结构相互连接。在构造和处理人工神经网络时，有以下三个重点：信息分布、局部与整体的同时运行、非线性处理[1]。人工神经网络的实现上，主要有通过电子线路实现、使用计算机程序完成模拟这两种方式。

人工神经网络拥有类似于人脑的识别、学习及改错能力，它的非线性处理能力很强，能对数据做大规模处理，同时拥有训练学习能力和容错能力。这些特质使得人工神经网络在众多领域得到了广泛应用。人工神经网

---

[1] 马锐.人工神经网络原理[M].北京：机械工业出版社，2014.

络可以通过学习已有的过去的数据来预测数据的未来走向。目前，人工神经网络已经被广泛运用到预测研究中，例如预测市场需求、预测某一行业的未来发展前景、预测业绩、构建预警系统等。

## 二、预测方法的选择

在进行预测的过程中必须选择适当且具有可行性的预测方法和预测模型，只有这样才能确保预测的准确性、科学性及可实现性。高职学生在线学习成绩预测模型将使用人工神经网络预测方法，而非时间序列预测模型，主要有以下几个原因。

第一，教育体系是一个较为复杂的系统，具有非线性、不确定作用关系及时变性等特点，且高职学生在线学习成绩预测模型的各指标间并不一定是线性关系，所以使用线性模型进行在线学习成绩预测的效果可能将不尽人意。人工神经网络是非线性的，它具有模拟和逼近复杂非线性关系的能力，所以更适合使用于在线学习成绩的预测研究中。

第二，时间序列考察的是变量与时间之间的关系，没有将时间之外的对变量有影响的因素考虑进来。一旦与变量有关系的一个或多个外界因素发生较大变化，预测的效果与真实结果将会有较大的出入。

第三，大部分的时间序列方法都有一个前提假设条件，即所研究的对象是服从正态分布的，而在线学习成绩不一定服从正态分布，如果使用时间序列预测方法对高职学生在线学习成绩进行预测，预测的效果可能会较差。

第四，人工神经网络对研究对象的性质没有限制，它是通过学习过去的数据来预测未来的走向。人工神经网络在数据处理上具有并行性，能对数据进行大规模的并行模拟处理，并具有优秀的自学习、自适应及容错能力，这些使得人工神经网络能够将预测模型中的不确定性和随机性给高职学生在线学习成绩预测结果带来的影响最小化。

### 三、人工神经网络的演进历程

人工神经网络最早兴起于国外,它的英文全称为 artificial neural networks,通常人们又将人工神经网络简称为神经网络,英文为 neural networks。人工神经网络是描述和刻画人类大脑系统特性的数学模型,可以用电子线路实现,也可以用计算机程序完成模拟。人工神经网络的信息处理系统由很多元件相互联结而形成,能在认识理解人类大脑神经网络的基础上,通过模仿构造出一个人工的能够完成某种功能的神经网络。

1943 年,心理学家 McCulloch 和数学家 Pitts 根据生物神经元生物电和生物化学的运行机理建立了著名的阈值加权和模型——M-P 模型,M-P 模型的拓扑结构便是现代神经网络中的一个神经元。1957 年,Marvin Minsky、Frank Rosenblatt、Bernard Widrow 等建立了感知机模型,并提出学习的概念,被称为最早的神经网络。至今,人工神经网络已经经过了近 70 年的发展,在这近 70 年中,人工神经网络已经得到了广泛的应用。跟许多科学方法的发展历程相似,人工神经网络并没有在一开始就得到大家的肯定,它的发展并不是一帆风顺的,其发展历程大致可以分为下面几个阶段。

#### (一) 萌芽阶段

在人工神经网络的初始萌芽阶段,有一位数学家和两位心理学家为人工神经网络的发展做出了杰出的贡献。20 世纪 40 年代初,数学家 Pitts 与心理学家 McCulloch 团结一心,提出了一个综合了数学模型与生物物理学的方法,创造了第一个神经计算模型——阈值元件模型(简称为 M-P 模型)。此模型利用形式神经元表达客观事件,并让大家意识到可以将模拟大脑运用在逻辑运行的网络中。简单神经网络模型是人工神经网络的开山之作,具有极强的时代意义。一个简单神经网络模型包括节点及节点间的相互联系,其节点具有很强的计算能力,为神经网络的计算创造了可能性。

20 世纪 40 年代末,心理学家 Hebb 在探索人脑神经元细胞如何进行学习、如何进行条件反射时,提出了一个关于神经元间突触强度调整规则的假说，这个假说就是至今仍然具有深刻意义的 Hebb 学习规则。Hebb 学习规则属于无监督学习规则，能按照相似性程度将输入信息划分为若干类，并根据神经元连接间的激活水平改变权值，从而使网络能够提取训练集的统计特性。心理学家 Hebb 的探索发现是人工神经网络萌芽阶段中一个重要而有意义的成果。

### （二）初步发展阶段

人工神经网络的初步发展阶段为 1950 年到 1960 年，这一阶段共有三名学者为人工神经网络的发展做出了杰出贡献，分别是 Widrow、Hoff 及 Rosenblatt。通过他们的努力，人工神经网络得到了初步的发展，人工神经网络的研究和发展踏入了轨道，人们也开始逐渐重视人工神经网络。

在这一阶段，首先做出重大贡献的是 Hoff 和 Widrow，他们二人分工合作、上下求索，最终研究出了一种新的学习规则，即网络学习方法和自适应线性元件模型。随后，Rosenblatt 研究出了感知器模型（perceptron），这个模型是在 M-P 模型上发展而来的。该模型提出了一个关于两层感知器的收敛定理，启发了人们未来摸索人工神经网络发展的潜在方向——隐层处理元件三层感知器。

### （三）深入发展阶段

人工神经网络的深入发展阶段为 1960 年到 1970 年，这一阶段涌现出的杰出科学家较多，人工神经网络的发展成果也比初步发展阶段要多。这其中比较著名的成果有 Grossberg 等在 1965 年提出的自适应共振理论模型、Werbos 提出的误差反传理论等[1]。这些研究成果为人工神经网络的深入发展提供了前提条件，也为人工神经网络被更多人所接受奠定了扎实的基础。

---

[1] 张驰，郭媛，黎明. 人工神经网络模型发展及应用综述［J］. 计算机工程与应用，2021，57（11）：57-69.

## （四）高潮阶段

1970年后，人工神经网络的发展迎来了高潮阶段。这一阶段，传统人工智能在处理很多智能信息问题上遭遇了不少失败，人们开始把眼光投向人工神经网络。20世纪70年代后期，科学技术得到了巨大发展，这为人工神经网络的发展提供了坚实的后盾，人们开始把人工神经网络当成未来智能计算的可实现模式。1986年，瑞麦哈特（Rumelhart）、麦克莱伦（McClelland）、PDP研究小组提出的BP算法给多层网络学习翻开了新的一页，随后，许多学者开始使用BP算法进行多层前馈神经网络学习。这一阶段，还有众多科学家及学者提出了重要的研究成果，如Albus和Chua分别在20世纪90年代中期与末期研发了重要的网络模型：Albus摸索出了小脑模型网络，Chua探索出了细胞神经网络模型。①

此阶段，人工神经网络已经被运用到了众多领域，在智能控制、语音处理、图像处理等方面都能看到人工神经网络所做出的贡献。

## （五）现阶段及未来的发展

如今，人工神经网络已取得了傲人的成绩，很多科研及金融经济研究已成功或者正在尝试运用人工神经网络，其强大的功能受到了人们的肯定。虽然如此，人工神经网络还是存在一些问题，例如人工神经网络的随机性较强，即在面对相同的训练样本、设置相同网络参数的时候，多次运行所得到的预测结果会有所出入，这就需要人为调试，人为调试必然会消耗大量精力与时间。此外，人工神经网络在结构和综合方面仍需进一步研究，且智能水平还不够高。

---

① 徐学良. 人工神经网络的发展及现状［J］. 微电子学，2017，47（2）：239-242.

## 四、人工神经网络的基本原理、特点与应用

### （一）人工神经网络的基本原理

1. 人工神经网络的基本理论

人类大脑是一个能对大量信息进行并行处理的智能处理系统，这个系统由数量众多的神经元通过一系列复杂的相互连接而形成，神经元与神经元之间能够相互传递信息。这个信息处理系统具有非线性、高度复杂性等特点。人脑的每一个基本单位，即神经元的反应速度属于毫秒级。一般情况下，计算机基本单元的反应速度比人脑基本单元的反应速度高出 5 至 6 个数量级，但是因为人类大脑拥有大量的神经元，而且每个神经元能够连接数千个其他神经元，所以人脑在处理有些问题上会快过计算机。

对人脑及其他生物体大脑的研究为人工神经网络的起源及发展打下了稳固的基础。人工神经网络是科学家们在受到人脑工作状况的启发后研究出来的成果。科学家们在研究人类大脑的组织结构与运行机制后，通过研究大脑探索信息、存储信息、处理信息过程中所使用的方法，模仿设计出了一种能够应用到众多领域、具有大量链接的并行分布式信息处理系统，即人工神经网络。人工神经网络能够通过不断的学习和经验积累来处理信号，可以通过软件在计算机上进行仿真，也可以通过光元件或者电子元件来实现。

人工神经网络是通过大量而有限个神经元组成的一个并行分布系统，这些神经元之间通过某种拓扑结构或者可变权值相互连接。一个人工神经网络性能的优劣程度取决于以下两个方面：不同神经元之间选择的连接方式以及神经元处理信息的方式，所以在选择这两方面的参数时要格外谨慎。

2. 神经元的数学模型

神经元是人工神经网络最基本的结构，具有非线性、多输入和单输出的特点。按照神经元所具有的这些特点，一个较为常见的具有 $n$ 维输入的神经元可以被抽象成如图 4-1 所示的数学模型。

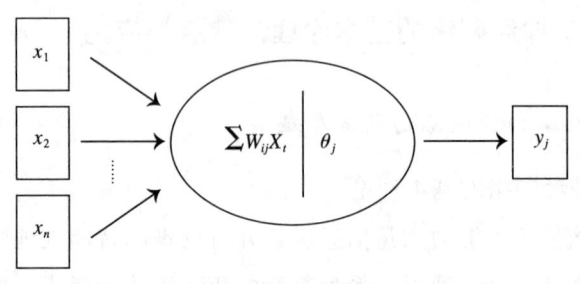

```
        ┌─────┐
        │ x₁  │──┐
        └─────┘  ↘
        ┌─────┐    ⎛           ⎞   ┌─────┐
        │ x₂  │──→ ⎜ ΣwᵢⱼXₜ │ θⱼ ⎟ ─→│ yⱼ  │
        └─────┘    ⎝           ⎠   └─────┘
          ⋮      ↗
        ┌─────┐  
        │ xₙ  │──┘
        └─────┘
```

图 4-1　神经元的数学模型

图 4-1 显示的是一个具有 $n$ 维输入的神经元对信息进行处理的过程，其中，$x_1$，$x_2$，$x_3$，$\cdots$，$x_n$ 是输入数据，$y_j$ 是第 $j$ 个神经元的输出，$w_{ij}$ 是第 $j$ 个神经元对 $x_1$，$x_2$，$x_3$，$\cdots$，$x_n$ 的权值连接，$\theta_j$ 是 $j$ 神经元的阈值，传递函数 $f$ 决定第 $j$ 个神经元受到输入数据 $x_1$，$x_2$，$x_3$，$\cdots$，$x_n$ 作用达到阈值时的输出方式。神经元的整个处理过程包括两步：第一个步骤是求和，即 $S=\sum w_{ij}x_i$；第二个步骤是激励，即 $y=f(\sum w_{ij}x_i)$。

3.传递函数

传递函数较为常见的形式有三种：S 型、线性型以及阶跃型。这三种函数的工作模式及具体函数形式如下。

第一，S 型。S 型传递函数指 sigmoid 函数，它具有单调性和渐近线。sigmoid 函数是非线性输入，使用 S 型传递函数的神经元通常又被称为非线性连续型模型。sigmoid 函数中使用频率最高的是双曲正切函数及对数 sigmoid 函数。

双曲正切函数的具体函数形式如下：

$$f(x)=\frac{1-e^{-x}}{1+e^{-x}}$$

sigmoid 函数的具体函数形式如下：

$$f(x)=\frac{1}{1+e^{-x}}$$

第二，线性型。线性型传递函数的输出跟它的输入有关，二者存在正向线性关系，即二者成正比。使用线性型传递函数的神经元又被称作线性连续型模型。线性型传递函数的具体函数形式如下：

$$f(x)=kx, \ k>0$$

第三，阶跃型。使用阶跃型传递函数的神经元又被称作离散输出模型。阶跃型传递函数的输出只有 0 和 1 这两种数值。

上面这三种形式的传递函数各有优缺点，实际应用中使用较多的是 sigmoid 函数，它能解决大部分的实际问题，具有很强的实用性与适用性。

4. 神经网络的多层结构

使用不同连接方式的神经元能构成不同类型的神经网络。神经网络可以包含多层结构，但通常来说，神经网络包括输入层、输出层及中间层这三层结构。少数神经网络没有中间层，即只有输入层和输出层这两层结构。输入层、输出层及中间层这三层结构各具特点、分工合作，使得神经网络能够完成不同的工作任务。具体来说，输入层的主要任务是接收输入信号，然后将输入信号通过输入单元传达给中间层；输出层的任务是输出整个神经网络的运行结果；中间层的任务主要有四个：一是对模式进行正确分类，二是对模式进行合适的变换，三是提取模型的特征，四是对模型进行完善。

5. 反馈型网络与前馈型网络

按照神经网络拓扑结构的连接方式，神经网络可以分为反馈型网络与前馈型网络。

反馈型神经网络分阶段开展工作，具体包括两个工作阶段：第一个工作阶段是学习期，即通过对已有数据的学习来修改各连线上的权重，这个阶段的计算单元状态不会发生变化；第二个阶段是工作期，这个阶段的连接权重不会再发生变化，但计算单元状态可以发生变化，通过这一阶段达到一种相对稳定的状态。反馈型神经网络的任何一个节点都是一个计算单位，这些节点除了可以完成运算任务外，还能接收信息的输入，并向外界输出信息。

前馈型神经网络的工作过程是神经元接收上一层的输入，然后将信息传递给下一层，这中间没有反馈。前馈型神经网络的节点包括计算单元与输入单元两种，其中，计算单元可以接收多个输入，但它只能有一个输出。

### （二）人工神经网络的特点

第一，强大的自学习能力及自适应能力。人工神经网络获得网络结构与权值的方式是训练和学习，在这个过程中，人工神经网络会显示出强大的自学习能力及自适应能力。人工神经网络具有动态性质，可以陆续接受新的样本与新的经验，并从样本信息中提取有用信息，然后用神经元间连接权重的方式将这些信息储存在系统中，还能陆续对模型进行调整。人工神经网络不需要根据收集到的样本对它的算法进行调整，所以通常称人工神经网络的学习方式为"自然拥有的学习能力"。

第二，处理的非线性。人工神经网络基于对人脑神经的了解、领悟及模仿而实现，因此，人脑神经的非线性决定了人工神经网络的非线性。

第三，高速寻找优化解的能力。通常越复杂的问题所需的计算量越大，而人工神经网络中的 BP 神经网络可以有效发挥计算机的快速运算能力，高速高效地寻找到优化解，提高工作效率。

第四，运算的全局并行和局部操作。人工神经网络是一个由很多元件联结而成的信息处理系统。人脑里的每个神经元都有自己所负责的工作，人体的行为不是由单个的神经元所决定的，而是由所有神经元组成的整体所决定。人工神经网络像人脑一样，它的每一个局部都有自己负责的内容，网络之间是相互影响和相互制约的关系。

第五，优秀的联想和记忆能力。人工神经网络拥有优秀的联想和记忆能力，这些能力使得人工神经网络能够进行模式联想及分类等识别工作，还能进行缺损模式复原、特征提取、聚类分析等模式信息处理工作。

第六，优秀的容错能力。当人工神经网络中数量较少的局部发生残缺时，不会干扰到全局网络，整个网络也不会崩溃。这是因为人工神经网络具有高效的联想与记忆能力，这些能力使人工神经网络具有了优秀的容错能力，能进行缺损模式复原。

第七，良好的泛化能力。人工神经网络的自适应能力很强，它具备动态特性。当人工神经网络处于一个新环境时，它会拥有很好的泛化能力，即它可以连续接受新样本和新经验，然后陆续对模型进行调整。

### （三）神经网络在数据预测上的应用

由于人工神经网络拥有强大的自学习本领、自适应技巧、处理的非线性以及优秀的联想记忆能力等优点，其涉及和运用的范围特别广泛。人工神经网络主要运用在以下领域：一是控制与优化领域，主要用于控制机械运动、控制化工过程、控制半导体生产中掺杂比例、设计超大规模集成电路布线、控制石油精炼等；二是图像管理和设计以及模式辨认领域，主要用于区分人脸、辨认签字、筛查癌细胞、辨认指纹、分辨印刷体和手写字符、辨认语音、图像压缩及复原等；三是通信领域，主要用于互联网中的路由选择、物理学上的光学望远镜变焦、信号处理中的自适应平衡、航空技术中的掌控运载体轨迹等；四是管理与预测领域，主要用于分析金融市场上的借贷风险、预测股票未来走势与价格、预测学生成绩等。

人工神经网络因为具有处理的非线性、优秀的自学习能力、良好的自适应能力和较好的联想记忆能力等优点，可以通过学习已有数据进行训练，然后利用训练好的神经网络对变量进行预测，从而提高预测精度。所以人工神经网络算法，特别是 BP 算法已经开始普遍地运用到了预测领域，并收到了比较满意的预测效果。

高职学生在线学习成绩预测中使用 BP 神经网络具有以下优点：第一，人工神经网络为非线性，它具有模拟和逼近复杂非线性关系的能力，所以较为适合用于高职学生在线学习成绩的预测中；第二，人工神经网络对研究对象的性质没有限制，它是通过学习过去的数据来预测未来的走向；第三，人工神经网络在数据处理上具有并行性，能对数据进行大规模的并行模拟处理；第四，人工神经网络优秀的自学习、自适应及容错能力可以将不确定性与随机性给高职学生在线学习成绩带来的影响最小化。

## （四）BP 神经网络的一般结构和基本步骤

通常，BP 神经网络是一个多层前馈神经网络，其在权重修改过程中使用的是反向传播学习算法，层与层之间的相互关系表现为：信息从输入层进入隐含层，再从隐含层进入输出层[①]。一般，一个三层的 BP 神经网络如图 4-2 所示。

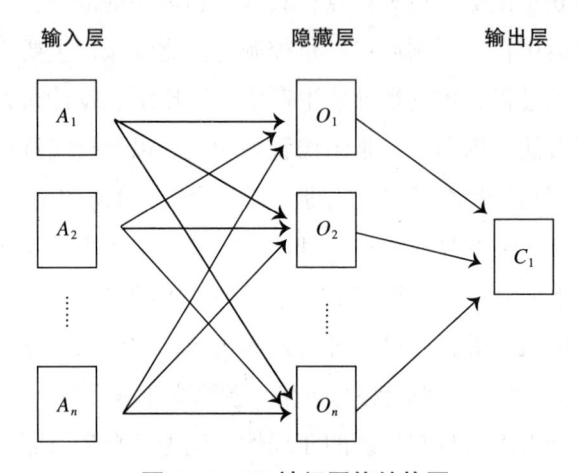

图 4-2　BP 神经网络结构图

BP 神经网络使用 BP 算法，BP 算法是一种监督式算法。BP 算法先确定训练的样本，将 $n$ 个输入样本记为 $A_1$，$A_2$，$A_3$，$\cdots$，$A_n$，与输入样本相对应的输出样本分别记为 $B_1$，$B_2$，$B_3$，$\cdots$，$B_n$，输入样本与输出样本之间存在映射关系。对这些样本进行学习，就是为了用 BP 神经网络的输出 $C_1$，$C_2$，$C_3$，$\cdots$，$C_n$ 与目标矢量 $B_1$，$B_2$，$B_3$，$\cdots$，$B_n$ 之间的误差来修改 BP 神经网络的权值，使得 $C_1$，$C_2$，$C_3$，$\cdots$，$C_n$ 尽可能接近于 $B_1$，$B_2$，$B_3$，$\cdots$，$B_n$。为了达到该目标，需要使得 BP 神经网络的输出 $C_1$，$C_2$，$C_3$，$\cdots$，$C_n$ 与 $B_1$，$B_2$，$B_3$，$\cdots$，$B_n$ 目标矢量间的误差平方和最小化。

BP 算法学习的关键是设计一个合适的神经网络，并使得误差平方和最小化。一般来说，BP 算法包括信息的正向传达及误差的反向传送这两个步

---

① 施彦，韩力群，廉小亲. 神经网络设计方法与实例分析 [M]. 北京：北京邮电大学出版社，2009：87-93.

骤。在信息的正向传达过程中，每一层神经元会作用到且只能作用到下一层神经元，即 BP 算法将样本信息从输入层传递到隐含层，再从隐含层传递到输出层。如果输出层得到的输出值没有满足预期期望，那么 BP 算法会计算出输出层所得到的输出值与输出样本之间的误差值，然后进行反向传播。在误差的反向传送过程中，误差值会按照原有的链接路程进行反向传送，对每一层神经元的权值进行修改，直到输出层得到的输出值满足预期，使得误差信号最小化。在 BP 神经网络中，S 型函数是神经元使用频率最高的传递函数，该函数会使得输出层输出值的取值范围为 0 到 1 之间。

通常，建立一个 BP 神经网络模型包括以下具体步骤。

第一，了解和熟悉所要研究的问题，明确研究问题的定义与范围。只有了解、熟悉和明确了所要研究的问题，才能有计划、有针对性、正确地建立一个合适的 BP 网络模型。

第二，深入探讨影响研究对象的变量，收集这些变量与研究对象的数据，确定好训练样本与输出样本，并在模型建立前对数据进行预处理。

第三，按照研究问题的具体情况及变量的选择情况设定合适的网络参数，包括设计隐含层节点、设计激活函数、设计训练函数、设计学习函数及性能函数。这一步是建立 BP 神经网络模型的关键，关系到模型的优劣程度与预测结果的准确性。

第四，对已经建立的模型进行优化。根据已设立好的预测模型的预测效果修改神经网络的网络参数，通常是修改隐含层的节点数目，通过不同隐含层节点数目所对应的预测误差及所需要的预测步数选择最优的预测模型。

第五，根据优化后的神经网络模型的预测结果，对预测结果与预测效果进行分析，给出相应的结论，并对不足之处提出进一步改善的方法。

一般来说，使用 MathWorks 公司开发的 Matlab 软件建立神经网络模型。Matlab 软件是一款拥有众多功能的软件，譬如算法开发、应用开发、数据处理、建模、数学计算、仿真及可视化等。现在，Matlab 软件已经被广泛应用于工业界和学术界，它具有较好的数值计算功能及可视化功能。

C语言和Fortran语言被称作第三代计算机语言。通过使用第三代计算机语言，人们成功地减轻了对计算机硬件的依赖。之后产生的Matlab语言被称为第四代计算机语言，它跟别的高级语言不同，拥有自己的独特优点，可以免去大量的重复编程，提高用户的工作效率。具体来说，Matlab语言具有如下优点：使用方便，语句简单，绘图功能强大，具有较好的交互性能、较强的移植性、较强的扩充能力、高效的数组运算和矩阵运算能力等。

Matlab软件还给使用者提供了很多工具箱，Matlab神经网络工具箱提供了很多能用于神经网络设计、训练和仿真的函数，并在神经网络对象中封装了很多网络属性，像网络权值、网络结构、训练函数及阈值等。

## 第二节 基于BP神经网络的高职学生在线学习成绩预测

### 一、数据及指标的选取

对高职学生在线学习成绩进行预测前要获得相关数据。数据的质量对预测工作至关重要，要保证有丰富、真实的数据来源，本节所使用的数据来源于某职业院校在线教学所产生的教学记录及学习记录等相关数据，主要包括以下几个方面：第一，超星学习通平台提供的数据，如学生的基本信息、在线学习时长、资源选择情况、作业完成情况、发帖回帖数量、在线考试成绩及学习终端等；第二，学校教务系统的数据库，包括学生个人信息、选课信息、学籍状态、考试成绩、学分状况及期末评教等。

影响和决定高职学生在线学习成绩的因素有很多，考虑到对在线学习成绩影响作用的大小及数据的可获得性，选择表4-1所示的六个指标作为BP神经网络的输入变量。

表 4-1　指标选取及指标解释

| 指标名称 | 指标解释 |
|---|---|
| 学生入学考试成绩 | 该生在入学初参与入学考试时的成绩 |
| 课程平均成绩/绩点 | 该生所有课程的平均成绩/绩点 |
| 在线课程章节测试平均成绩 | 该生该门在线课程所有章节的在线测试的平均分 |
| 在线课程的学习时长 | 该生该门在线课程的总学习时长 |
| 在线任务完成百分比 | 该生该门在线课程的在线任务的完成百分比 |
| 在线作业得分 | 该生该门在线课程所有在线作业的平均分 |

按照随机抽样的方式，随机抽取某职业院校统计与会计核算专业 2019 级 1 班共 45 名学生的"Excel 在统计中的应用"在线课程的成绩。为了验证所构建模型在在线成绩预测中的有效性和稳定性，从这 45 名学生中随机抽取 30 名学生作为训练样本，剩余的 15 名学生作为测试样本。

## 二、BP 神经网络模型的建立

### （一）网络层数的设计

建立 BP 神经网络前要确定网络的层数，其本质就是要确定隐含层的层数。一般来说，通过增加隐藏层的层数可以达到增加准确性和控制误差的目的，但在这个过程中会导致网络过于复杂化、网络训练时间过长、过度拟合的现象，且增加隐藏层层数后会在很大程度上增加对硬件和软件的要求。BP 神经网络模型在工作过程中将误差值按照原来的链接通路进行反向传播，然后对每一层的神经元的权值进行修改，直到输出层得到的输出值满足预期及误差信号最小化。如果增加隐藏层层数，BP 神经网络中存在的映射就会变得更复杂，而误差值因为受到精度的限制，当反向传播到第一个隐藏层后，会产生过多的"入"与"舍"，从而造成过度拟合。Hecht-Nielsen 证明了一个任意的 $m$ 维到 $n$ 维的映射可以通过拥有一个隐含层的 BP 神经网络完成，即通过一个三层的 BP 神经网络完成[①]。在一个拥有单隐藏层的 BP 神经网络中使用 S 型函数，且输入层与输出层同时使用

---

① 闻新. MATLAB 神经网络应用设计[M]. 北京：科学出版社，2001.

线性函数，那么这个拥有单隐藏层的神经网络可以完成满足任意精度逼近任意一个有理函数的任务。

综上所述，在样本数量有限的情况下，本节将使用三层网络（即拥有单隐含层的网络）的 BP 神经网络对高职学生在线学习成绩进行预测。

### （二）输入层与输出层的节点设计

前文设置了六个变量预测高职学生的在线学习成绩，因此所要建立的 BP 神经网络的输入层节点数为 6。同时，对于输出层来说，在线学习成绩是该模型唯一的输出向量，故所要建立的 BP 神经网络输出层的神经元数目为 1。

### （三）隐含层节点设计

隐含层的节点数量对于构建 BP 神经网络非常重要，能够直接影响网络的效能。通常在确定了 BP 神经网络层数及输入层、输出层节点数后，就需要确定隐含层的节点数量。如果隐含层节点数量设置过少，易导致出现网络难适应、容错能力较差等问题；另一方面，如果隐含层节点数量设置过多，又将出现模型整体学习时间太长及过度拟合的问题。到目前为止，学术界还没有确定一种决定隐含层节点数目的普遍方法。根据 Kosmogorov 定理，一般认为如果输入层的节点数目确定为 $n$，那么隐含层神经元数目，即隐含层节点数大约为 $2n+1$ 个。根据此定理，在本节的预测模型中，输入层神经元数目为 6，所以初步将隐含层神经元数目设定为 $2 \times 6+1=13$ 个。

因为隐含层中的神经元数目在一定程度上决定了所建立模型的运行效率与预测精度，所以在模型初步建立好后，应该对模型进行优化，通过反复带入不同的隐含层神经元数目来提高模型的运行效率与预测精度，并最终根据网络的学习效果确定隐含层的神经元数目。

### （四）网络函数的设计

#### 1. 激活函数

BP 神经网络所使用的激活函数在一定程度上决定了模型建立的优劣等

级。BP神经网络使用频率较高的激活函数包括S型、线性型及阈值型。其中，阈值型又叫限制型，使用时需要把任意值转化成0或1，明显不适合用于在线学习成绩的预测。因此，S型函数或线性型函数更适合用于在线学习成绩的预测模型中。一般来说，BP神经网络在输入层中使用的传递函数为S型的正切或对数函数，输出层中使用的传递函数为线性或S型函数[1]。通过实际运行比较，本节的预测模型选择的输入激活函数为S形函数logsig，输出层激活函数为线性函数purelin。

2.训练函数

BP算法在权值调整过程中可以使用的训练函数包括traingda、traingdx、trainlm等，这三种训练函数都有各自的特点。其中，trainda训练函数忽略了时刻t之前的梯度方向，使得训练过程中造成震荡及收敛速度缓慢；trainlm训练函数在调整权值的过程中会沿着梯度下降，很容易出现突然以折线形式完成目标的情况，准确度欠佳。由于本节所采集的数据在经过处理后区分度较小，所以BP网络学习中很有可能出现收敛缓慢或者突然下降的情况。为了解决这个问题，高职学生在线学习成绩预测的训练函数将选择traingdx训练函数，即学习率可变的动量BP算法。

3.学习函数与均方误差函数

BP神经网络有自己已经设置好的初始学习函数，即learngdm函数，相对应地，均方误差函数mse是最常用到的前项反馈网络误差性能函数。在线学习成绩预测过程中，多次学习及验证表明learngdm函数和均方误差函数mse已经可以满足研究需要，所以在学习函数与均方误差函数的选择上，直接使用BP神经网络的默认选择。

## 三、数据的预处理

高职学生在线学习成绩预测的BP神经网络模型在输入层使用的传递函数是logsig函数。logsig函数属于S型函数，其取值范围是0到1，所以

---

[1] 沈波.基于BP神经网络的股价预测应用研究[D].长沙：湖南大学，2010.

在运行模型之前要对收集到的原始数据做预处理，通过归一化使得原始数据的取值处于区间［0，1］中，归一化公式为：

$$X_i^* = \frac{X_i - X_{\min}}{X_{\max} - X_{\min}}$$

上式中：

$X_{\min}$为输入层对应的输入数据中的最小值；

$X_{\max}$为输入层对应的输入数据中的最大值；

$X_i$为样本的原始数据；

$X_i^*$为$X_i$进行归一化处理后所对应的数据。

从上述归一化公式可以看出，经过归一化后，输入数据的取值在区间［0，1］中。当输入数据的取值接近1时，说明该指标所处的位置较高，其下降的可能性很大；当输入数据的取值接近0时，说明该指标所处的位置很低，其上升的可能性很大。这说明经过归一化处理后的数据保持了原始数据的特征，同时也避免了出现输入数据处在S型函数不适用区域的情况。输入数据中存在个别离散值，本研究将去除离散值，用其前两期数据的平均值取代。

## 四、建立预测模型

根据上文已经初步设置好的各个参数，使用Matlab 6.5软件建立高职学生在线学习成绩预测模型，使用的编程语句如下所示：

%读入输入数据p（6*30矩阵）和输出数据t（1*30矩阵）

net=newff([0 1;0 1;0 1;0 1;0 1;0 1;],[13 1],{'logsig' 'purelin'},'traingd'); %限定输入向量的最大值与最小值；创建BP神经网络，确定网络的激活函数、训练函数、学习函数、性能函数

net.trainparam.goal=0.003; % 经过0.01、0.005、0.003、0.001等一些目标参数的学习与试验，在平衡效率和准确度的基础上，将训练目标设置为0.003

net.trainparam.epochs=40000; % 考虑到效率与硬件条件，将训练次数设置为 4 万次

net.trainparam.lr=0.07; % 经过 0.1、0.05 等一些目标参数的学习与试验，在平衡效率和准确度的基础上，将学习率设置为 0.07

net=train(net,p,t); % 开始训练神经网络

根据如上过程所建立的模型的训练误差曲线如图 4-3 所示。

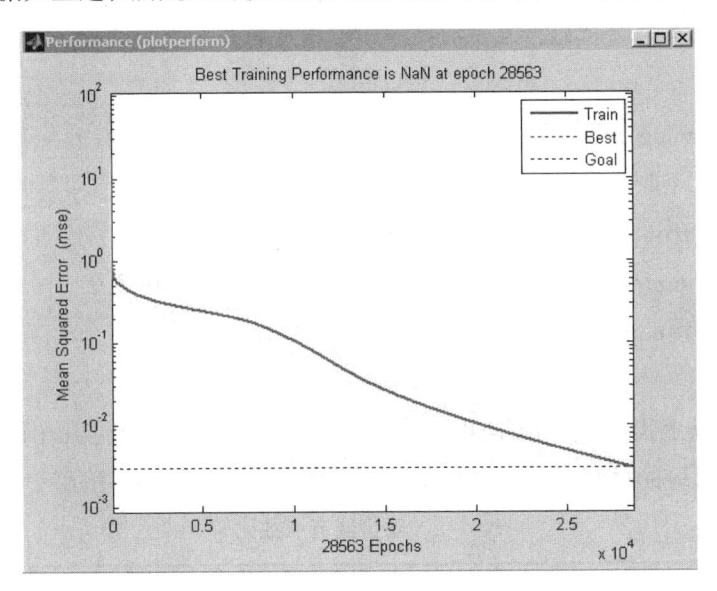

图 4-3 隐含层节点数为 13 的训练误差曲线

## 五、BP 神经网络优化

上文所建立的高职学生在线学习成绩预测模型的隐含层节点数为 13，现选择处在 13 附近的 11、12、14、15 这 4 个不同的隐含层节点数，通过反复多次的学习与训练，然后对比训练结果，根据最终实现的预测误差和均方误差的大小确定最优的隐含层节点数目，使用的编程语句如下所示：

spot=[11 12 14 15]; % 将一维数组 spot 定义为隐含层节点个数的一个循环变量

for i=1:4 % 将 11、12、14、15 循环带入

threshold=[0 1;0 1;0 1;0 1;0 1;]; %限定输入向量的最大值与最小值

net=newff(threshold,[spot(i),1],{'tansig','purelin'},'traingdx'); %计算仿真输出结果

net.trainParam.epochs=40000; %考虑到效率与硬件条件，将训练次数设置为4万次

net.trainParam .goal=0.003; %经过 0.01、0.005、0.003、0.001 等一些目标参数的学习与试验，在平衡效率和准确度的基础上，将训练目标设置为 0.003

net.trainparam.lr=0.07; %经过 0.1、0.05 等一些目标参数的学习与试验，在平衡效率和准确度的基础上，将学习率设置为 0.07

net=train(net,p,t); % 开始训练神经网络

out=sim(net,input); %与真实值进行比对，记录预测误差

err(1)=norm(output-out); %计算预测误差

end

从以上程序的输出结果中获得 11、12、13、14、15 这几个隐含层节点数所对应的预测误差、均方误差等预测结果，如表 4-2 所示。

表 4-2　隐含层节点数比较

| 节点数 | 是否达到均方误差为 0.003 这个训练目标 | 达到目标所用步数 | 预测误差 |
| --- | --- | --- | --- |
| 11 | 否（均方误差为 0.00904） | — | 0.5209 |
| 12 | 是 | 29835 | 0.3000 |
| 13 | 是 | 31919 | 0.3000 |
| 14 | 否（均方误差为 0.00515） | — | 0.3931 |
| 15 | 是 | 27764 | 0.3000 |

从表 4-2 中可以看出，在满足训练目标的基础上，当隐含层节点为 15 时，预测模型的预测误差与所用的步数均为最小。因此，隐含层节点数为 15 的预测模型为最优模型，其训练误差曲线如图 4-4 所示。

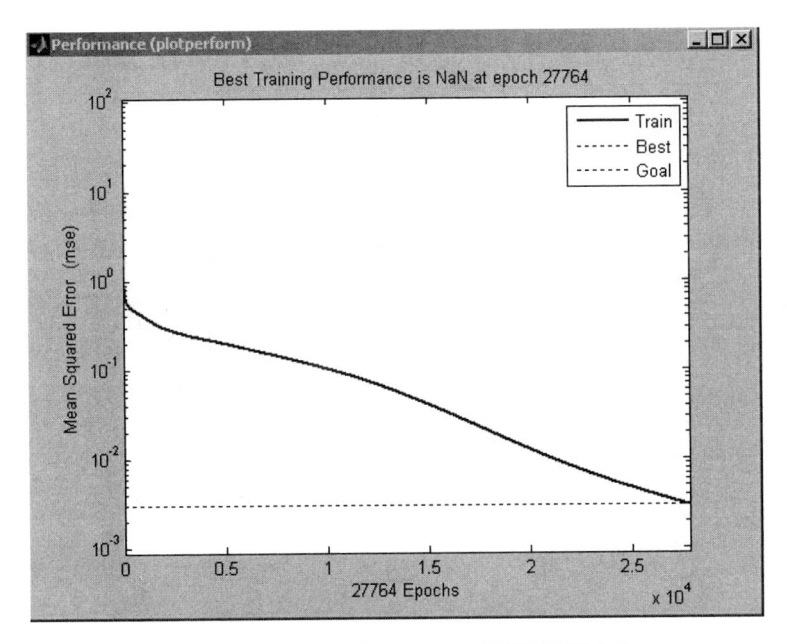

第四章　大数据在高职学生在线学习成绩预测中的应用

图4-4　隐含层节点数为15的训练误差曲线

## 六、样本内预测与样本外预测

### (一) 样本内预测

用优化后的预测模型对样本内的数据（即随机抽样的作为训练样本的30名学生的"Excel在统计中的应用"在线课程的成绩）进行预测，使用的编程语句如下所示：

hold off %清除画面

out=sim(net,p); %通过仿真函数sim计算输出

plot(1:30,out,'k--'); %通过黑色虚线描绘仿真输出数据

hold on %保留画面用于进行结果对比

plot(1:30,t,'k') %通过黑色实线描绘实际数据

样本内预测结果如图4-5所示。

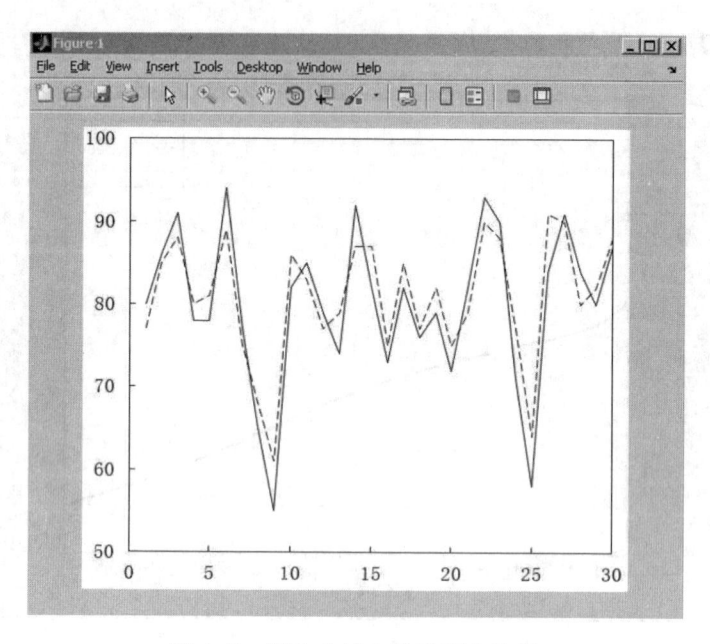

图 4-5　样本内输入输出拟合结果

（二）样本外预测

使用优化后的预测模型对样本外的数据（即作为测试样本的 15 名学生的"Excel 在统计中的应用"在线课程的成绩）进行预测。预测程序如下：

％读入用于样本外预测的输入变量 test(6*15 矩阵) 和输出变量 testout(1*15 矩阵)

hold off %清除画面

testout2=sim(net,test); %通过仿真函数 sim 计算输出

plot(1:15,testout,'k--') %使用黑色虚线描绘仿真输出数据

hold on %保留画面用于进行结果对比

plot(1:15,testout2,'k') %使用黑色实线绘制实际数据

样本外预测结果如图 4-6 所示。

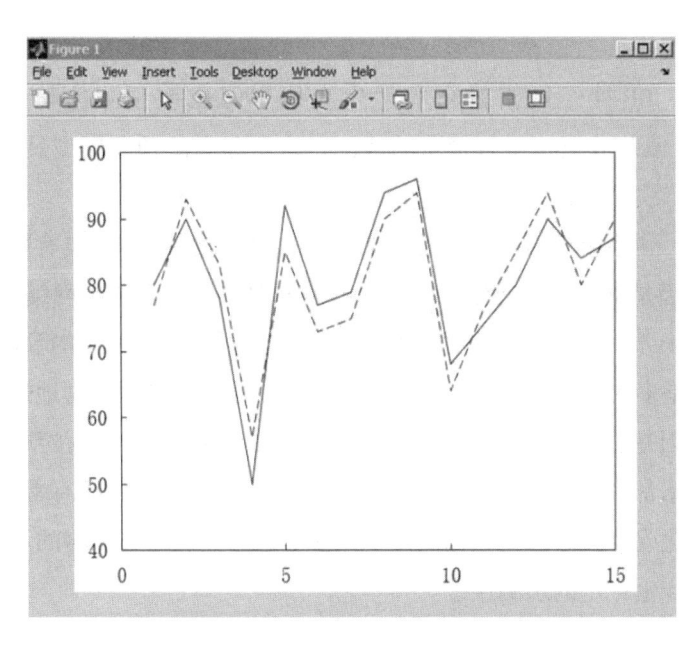

图 4-6　样本外输入输出拟合结果

样本外预测的预测误差通过以下语句实现：

err(1)=norm(testout2−testout) %计算预测误差

err =1.1283

## 七、预测结果分析

基于数据挖掘技术的高职学生在线学习成绩预测模型具有重要的应用价值，并对教育科学决策具有一定的参考价值。

第一，高职学生在线学习成绩预测模型所选择的单隐藏层 BP 神经网络，即三层 BP 神经网络适合于高职学生在线学习成绩的预测。

第二，从图 4-5 可以看出，样本内的预测效果很好，预测值走势跟真实值走势的一致程度很高，这说明 BP 神经网络拥有很好的学习能力。从图 4-6 可以看出，样本外的预测效果较好，预测曲线走势跟真实数据曲线的走势基本一致。这说明 BP 神经网络经过充分的学习与训练后，能够实现在外部形势上的拟合，在一定程度上总结出了高职学生在线学习成绩内在的变化规律。

第三，BP神经网络对高职学生在线学习成绩预测的整体误差为1.1283%，偏差数值位于可接受的范围内，所建立的预测模型具有较好的预测效果，说明该预测模型具有较好的应用价值与推广价值。

第四，预测曲线与真实曲线存在一定的预测误差，这主要有两大原因。第一个原因是BP神经网络预测方法带来的误差：一是神经网络自身会存在一定的误差，二是当设置的网络训练参数不同时，所得到的预测结果将不同，三是多次运行所得到的预测结果会有所出入，需要人为地进行调试。第二个原因是影响高职学生在线学习成绩的因素较多，无法在预测模型中将这些因素都考虑进来，本次研究选择了六个影响因素，没有考虑一些别的较难量化或者较难得到数据的影响因素，这必然将增强预测的不可控性，也必然会产生一定的预测误差。

## 参考文献

［1］史峰. MATLAB智能算法30个案例分析［M］. 北京：北京航空航天大学出版社，2011.

［2］施彦，韩力群，廉小亲. 神经网络设计方法与实例分析［M］. 北京：北京邮电大学出版社，2009.

［3］闻新，周露，王丹里，等. MATLAB智神经网络应用设计［M］. 北京：科学出版社，2001.

［4］高铁梅. 计量经济分析方法与建模：Eviews应用及实例［M］. 北京：清华大学出版社，2006.

［5］王薇. MATLAB从基础到精通［M］. 北京：电子工业出版社，2012.

［6］罗杨洋，韩锡斌. 基于增量学习算法的混合课程学生成绩预测模型研究［J］. 电化教育研究，2021，42（7）：83-90.

# 第五章　大数据在高职院校专业群建设评价及财务风险评价中的应用

随着互联网的深入发展及大数据产业的迅速崛起，中国特色高水平高职专业群建设及财务信息化建设呈现出数据海量化、多维化及多源化特征，这决定了高职专业群建设和财务信息化建设的"大数据"形态。结合大数据开展高职院校专业群建设及财务信息化建设研究可以提高专业群建设和财务信息化建设的成效与效率。

## 第一节　大数据背景下高职专业群建设评价指标体系的构建

2019年，教育部、财政部发布的《关于实施中国特色高水平高职学校和专业建设计划的意见》明确提出"建设高水平高等职业学校和骨干专业（群）"，高水平高职院校建设的重中之重是围绕各类产业带、经济带、产业集群和产业融合发展，建设效益显著、特色鲜明、适应需求的专业群[1]。我国各级政府和学校越来越重视专业群建设，经费投入、建设规模、

---

[1] 教育部，财政部. 关于实施中国特色高水平高职学校和专业建设计划的意见［EB/OL］.［2019-04-01］. http://www.moe.gov.cn/srcsite/A07/moe_737/s3876_qt/201904/t20190402_376471.html.

建设数量等方面都有明显提升,但同时存在重建设轻评价,专业群服务功能有限,专业群建设水平参差不齐等情况。因此,基于大数据开展高职院校专业群建设评价研究可以提供一种新的工作思路和操作方法,对于改善专业群建设成效具有重要的理论意义和现实意义。

## 一、文献综述

高职院校专业"群"式发展的理念出自西方经济学家迈克尔·波特(Michael E. Porter)于20世纪90年代提出的产业集群(Industrial Cluster)理论,该理论指具有合作和竞争关系的各方通过聚集发展形成产业链。国内关于专业群的概念有以下几种观点:"相同相近""核心专业引领带动""对接产业链岗位群"等。其中,"相同相近"观点认为专业群是由若干个专业基础相近、岗位对象相似、技术领域相仿的专业组成;"核心专业引领带动"观点认为专业群是通过一个核心专业带动3到5个专业,各专业之间既相互依赖又相互促进,同时能形成一定的合力;"对接产业链岗位群"观点与以上观点有一定的差异,该观点认为专业群要与重点或支柱产业链形成映射关系,其价值追求在于充分满足产业集群的同一产业链或创新链的岗位需求。高职专业群具有教育性、职业性、开放性、协同性、系统性、创新性等基本属性。

国内现有的高职专业群建设评价的相关研究较少,已有研究大致可以分为以下两类:一是方飞虎、李林等学者开展的定性研究,这些研究主要探讨了高职专业群建设评价的指导思想、指标界定等方面;二是黄金凤、陈超群等学者开展的定量研究,这些研究在构建了高职专业群建设评价指标体系的基础上,选取某高职院校专业群为研究对象,对其开展综合评价。

纵观已有研究,学者们在高职专业群建设评价领域积累了一定的研究成果,但仍有一些不足:一是部分研究未明确区分所构建的指标体系到底适用于立项评估阶段还是水平评估阶段;二是定性分析较多,规范的实证分析较少,大部分研究仅在定性评价的基础上构建了高职专业群评价指标

第五章　大数据在高职院校专业群建设评价及财务风险评价中的应用

体系，所构建的评价指标体系仍有待完善；三是较少有学者结合大数据背景开展高职专业群评价指标体系的构建。基于此，本节将立足大数据背景，使用专家咨询法与层次分析法，以专业群建设水平为研究对象，结合定性评价与定量评价构建高职专业群建设评价体系，以期实现对高职专业群建设水平的科学评价。

## 二、专业群建设的大数据特征

专业群是一种智能化、网络化、信息化的教育教学组织形式，涵盖了师生队伍、课程教材、行业企业、财务资金、仪器设备等方面的内容，随着大数据技术的持续发展及专业群建设的不断深入，不同专业间的跨界融合程度越来越高，专业群的所有资源要素和教学对象都能在信息技术的支持下产生数据，这些都决定了专业群建设的"大数据"形态。

### （一）专业群教育教学数据的海量化

专业群建设以提升专业建设水平为宗旨，以提高人才培养水平为基本原则，以增强专业群服务区域产业和经济发展能力为目标，建设过程中能产生大量的数据，如管理体制、运行机制、教师教学创新团队建设、人才培养模式创新、教材建设与教法改革、课程体系与教学资源、服务发展能力提升、产教融合平台建设等数据。这些数据体量巨大，为高职院校专业群建设评价奠定了数据基础。

### （二）专业群建设数据的多维化

2020年，教育部、财政部发布的《中国特色高水平高职学校和专业建设计划绩效管理暂行办法》公布了《高水平专业（群）建设数据采集表》，该表明确了专业群建设数据采集指标包含产出、效益、满意度3个一级指标。其中，产出指标下设数量指标、质量指标、实效指标3个二级指标，各二级指标分别下设多个三级指标；效益指标下设社会效益指标、可持续影响指标2个二级指标，各二级指标分别下设多个三级指标；满意度指标下设在校满意度、毕业生满意度、教职工满意度、用人单位满意度、家长满意度5个二级指标，这些繁多的指标体系体现了专业群建设数据的多维化。《高水平专业（群）建设数据采集表》中的指标既包含课程教学资源建设、人才培养模式创新等相对静态的指标，又有人才培养贡献度、引领职业教育改革发展、任务完成进度等时效动态指标；既包含学校自评指标，又包含学生家长、用人单位等第三方评价指标。

### （三）专业组群重构数据的多源化

"双高计划"中专业群所含专业数一般是3至5个，且大部分跨2个及以上专业类组群，重组了不同专业的设备、师资、课程、资源库、实习实训、各种硬软件等资源，拓宽了专业的边界，逐渐形成了"政府—学校—企业—专业—课程"教学组织共同体。可见，专业群建设过程中所产生的数据呈现出多源化特征。

## 三、研究方法

层次分析法产生于20世纪70年代初期，最早由美国运筹学家萨蒂教授提出。层次分析法的中心思想是"先分解后归纳"，先将复杂问题分解为若干元素，并将这些元素进行分组，然后通过分组情况建立一个由最高层、中间层和最低层组成的递阶层次评价模型，最后确定各指标的相对重要性权重。其中，最高层指应用层次分析法所要达成的目标，也叫目标层；中间层即实现目标过程中所涉及的中间环节，也叫准则层；最低层指解决问题的措施，也叫方案层。由于高职专业群建设水平涉及的影响因素较多，运用层次分析法可以将高职专业群建设水平的各影响因素归类为不同组成要素，并通过各组成要素之间的两两比较确定其相对重要性，最终确定各影响因素的相对重要性总排序。具体可以分解为以下几个步骤。

第一步，明确问题。充分了解高职专业群建设水平所包含的影响因素，确定各因素间的隶属关系和关联关系。

第二步,建立递阶层次结构。将高职专业群建设水平包含的所有影响因素分解为最高层、中间层及最低层,从而建立递阶层次结构。

第三步,构造判断矩阵。对处于同一层次的各因素进行两两比较,给出相对重要性,并通过数值表示出来。重要性程度使用1-9标度方法,1、3、5、7、9分别表示因素$i$与因素$j$相比一样重要、稍微重要、明显重要、强烈重要、极端重要,2、4、6、8分别表示介于相邻判断之间的中间值。因素$i$与因素$j$的重要性之比记为$a_{ij}$,判断矩阵记为$A$,$A=(a_{ij})_n$。其中,$a_{ii}=1$,$a_{ji}=1/a_{ij}$($i, j=1, 2, \cdots, n$)。

第四步,一致性检验。通过随机一致性比率的值对判断矩阵进行一致性检验,CR<0.1表明判断矩阵通过一致性检验,否则表明判断矩阵需要调整和修正。CR的计算公式为:

$$CI=(\lambda_{max}-n)/(n-1)$$

$$CR=CI/RI$$

其中,CI表示一致性指标,$\lambda_{max}$表示判断矩阵$A$的最大特征值,RI表示随机一致性指标,RI的值如表5-1所示。

表5-1 随机一致性指标表

| 阶数 | 1 | 2 | 3 | 4 | 5 | 6 | 7 | 8 | 9 | 10 |
|---|---|---|---|---|---|---|---|---|---|---|
| RI | 0 | 0 | 0.58 | 0.91 | 1.12 | 1.24 | 1.32 | 1.41 | 1.45 | 1.49 |

第五步,层次单排序和层次总排序。对判断矩阵的特征向量进行归一化处理,并对同一层次之间的指标对上一层次的权重大小进行重要性排序,称之为层次单排序。在层次单排序的基础上,沿着递阶层次结构由上至下逐层计算,就可以算出高职专业群建设评价指标的层次总排序权重值,即层次总排序。

## 四、高职专业群建设评价体系的构建

### (一) 评价对象

专业群建设评价分为立项评价和建设水平评价。本节所提出的专业群建设评价指的是建设水平评价,评价对象为已经立项的高职专业群,即针对已经立项建设的专业群开展评估,以专业群建设所处状态或取得的成效为主要评价依据。评价主体为教育行政部门和校方,评估目的是衡量学校专业群建设的程度(水平)或已达到的发展阶段,评价结果用于学校专业群建设的改进。

### (二) 评价原则

高职专业群建设评价体系的构建原则包括完备性原则、独立性原则、典型性原则和量性兼容考核原则。完备性原则指评价指标的选取要科学、全面地反映高职专业群建设水平所涉及的方方面面。独立性原则指评价指标体系中的各个指标要彼此独立、互不交叉,尽量减少指标之间的相关性。典型性原则指构建高职专业群评价指标体系时,要选择精炼而又最具代表性的指标。量性兼容考核原则指结合使用定性与定量评价,定性选定评价指标,定量确定指标权重。

### (三) 评价指标的确定

参考教育部《关于全面提高高等职业教育教学质量的若干意见》《关于深化职业教育教学改革全面提高人才培养质量的若干意见》中提出的高职专业群建设目标,结合高职专业群建设现状,本研究将高职专业群建设评价分为六个维度:师资队伍、人才培养质量、教学改革及教学条件、产教融合、科技研发、专业群建设成果,且每个维度分解为若干个二级指标。最终,高职专业群建设评价体系由6个一级指标及下设的20个二级指标构成,具体见表5-2。

第五章　大数据在高职院校专业群建设评价及财务风险评价中的应用

**表 5-2　高职专业群建设评价体系表**

| 目标层 | 一级指标 | 二级指标 | 指标内涵 |
|---|---|---|---|
| 高职专业群建设水平 | 师资队伍 | 专业群带头人 | 专业群带头人的综合能力 |
| | | 教师结构 | 专任教师学历结构、职称结构、双师型结构及骨干教师比例 |
| | | 教师获奖情况 | 教师参加各类比赛及指导学生参加比赛的获奖情况 |
| | 人才培养质量 | 学生获奖情况 | 学生参加各级各类技能大赛、社团活动的获奖情况 |
| | | 职业资格证书 | 学生各类职业资格证书的合格率 |
| | | 毕业生就业情况 | 毕业生就业率、就业质量及用人单位满意度 |
| 高职专业群建设水平 | 教学改革及教学条件 | 课程体系 | 公共基础课、优质核心课程及特色课程的设置 |
| | | 教学及考核方法 | 教学理念和方式，课程考核评价体系的完善性 |
| | | 教学资源库 | 教学资源库的操作性、稳定性、全面性、多样性和更新频率 |
| | | 实训基地 | 实训场地面积、设备情况及实训指导教师的数量和水平 |
| | 产教融合 | 合作平台 | 立项或认定的校企合作人才培养基地、协同创新中心等 |
| | | 合作项目 | 校企合作的实习实训基地及现代学徒制试点项目等 |
| | | 合作人才培养 | 订单、委托、定向、现代学徒制的培养人数和比例 |
| | | 合作开发标准 | 开发行业企业认可的技术标准、核心课程标准 |
| | 科技研发 | 科研项目 | 立项的国家级、省市级科研项目数量 |
| | | 科研成果 | 国家级、省市级科研成果奖数量，高水平论文数量 |
| | | 专利授权数 | 发明专利、实用新型专利、外观设计专利及软件著作权数量 |
| | 专业群建设成果 | 社会服务 | 提供社会培训、产学研技术服务、职业技能培训等 |
| | | 示范作用 | 核心专业在专业群内及专业群在校内外的示范作用 |
| | | 特色与创新 | 校企融合等形成的办学特色，教科研和人才培养模式创新 |

**（四）指标权重的确定**

**1. 构造判断矩阵**

邀请职教专家、高职院校专业群带头人及教育管理部门相关专家共计10人组成专家组。根据表 5-2 设计相应的调查表，将调查表发送给专家组，要求各专家使用 1-9 标度方法，对处于同一层次的各因素进行两两比较，给出相对重要性。最后，收集 10 位专家的调查表，对结果取均值后即可得到各个判断矩阵。

首先建立一级指标的判断矩阵 $A$，具体如下：

$$A=\begin{bmatrix} 1 & 1/2 & 2 & 3 & 4 & 1 \\ 2 & 1 & 2 & 2 & 3 & 2 \\ 1/2 & 1/2 & 1 & 2 & 2 & 2 \\ 1/3 & 1/2 & 1/2 & 1 & 2 & 1/2 \\ 1/4 & 1/3 & 1/2 & 1/2 & 1 & 1/3 \\ 1 & 1/2 & 1/2 & 2 & 3 & 1 \end{bmatrix}$$

再依次建立各二级指标的判断矩阵 $B_1$，$B_2$，$B_3$，$B_4$，$B_5$，$B_6$，具体如下：

$$B_1=\begin{bmatrix} 1 & 2 & 3 \\ 1/2 & 1 & 2 \\ 1/3 & 1/2 & 1 \end{bmatrix},\ B_2=\begin{bmatrix} 1 & 1/2 & 1/3 \\ 2 & 1 & 1/2 \\ 3 & 2 & 1 \end{bmatrix}$$

$$B_3=\begin{bmatrix} 1 & 2 & 3 & 2 \\ 1/2 & 1 & 2 & 2 \\ 1/3 & 1/2 & 1 & 2 \\ 1/2 & 1/2 & 1/2 & 1 \end{bmatrix},\ B_4=\begin{bmatrix} 1 & 1/2 & 1/3 & 2 \\ 2 & 1 & 1/2 & 2 \\ 3 & 2 & 1 & 3 \\ 1/2 & 1/2 & 1/3 & 1 \end{bmatrix}$$

$$B_5=\begin{bmatrix} 1 & 2 & 3 \\ 1/2 & 1 & 2 \\ 1/3 & 1/2 & 1 \end{bmatrix},\ B_6=\begin{bmatrix} 1 & 3 & 2 \\ 1/3 & 1 & 1/2 \\ 1/2 & 2 & 1 \end{bmatrix}$$

2. 判断矩阵的一致性检验

使用 Matlab 计算得到各判断矩阵的随机一致性比率 CR，如表 5-3 所示。

表 5-3　一致性检验结果表

| 判断矩阵 | $\lambda_{max}$ | CI | RI | CR |
| --- | --- | --- | --- | --- |
| A | 6.2663 | 0.0533 | 1.24 | 0.0429 |
| $B_1$ | 3.0092 | 0.0046 | 0.58 | 0.0079 |
| $B_2$ | 3.0092 | 0.0046 | 0.58 | 0.0079 |
| $B_3$ | 4.1431 | 0.0477 | 0.91 | 0.0524 |
| $B_4$ | 4.0710 | 0.0237 | 0.91 | 0.0260 |
| $B_5$ | 3.0092 | 0.0046 | 0.58 | 0.0079 |
| $B_6$ | 3.0092 | 0.0046 | 0.58 | 0.0079 |

在表 5-3 中，$\lambda_{max}$ 表示最大特征值，CI 表示一致性指标，RI 表示随机一致性指标，CR 表示随机一致性比率。当 CR<0.1 时，表明判断矩阵通过了一致性检验。从表 5-3 可以看出，各判断矩阵均通过了一致性检验，符合逻辑。

## 3. 层次单排序及层次总排序

使用 Matlab 计算各判断矩阵归一化后的特征向量。一级指标判断矩阵归一化后的特征向量如下：

$W = (0.2257 \quad 0.2841 \quad 0.1700 \quad 0.0969 \quad 0.0641 \quad 0.1593)^T$

各二级指标判断矩阵归一化后的特征向量如下：

$W_1 = (0.5396 \quad 0.2970 \quad 0.1634)^T$

$W_2 = (0.1634 \quad 0.2970 \quad 0.5396)^T$

$W_3 = (0.4228 \quad 0.2656 \quad 0.1744 \quad 0.1372)^T$

$W_4 = (0.1689 \quad 0.2609 \quad 0.4512 \quad 0.1190)^T$

$W_5 = (0.5396 \quad 0.2970 \quad 0.1634)^T$

$W_6 = (0.5396 \quad 0.1634 \quad 0.2970)^T$

把同一层次之间的指标对上一层次的权重大小进行重要性排序，就可以得到层次单排序，在层次单排序的基础上，沿着递阶层次结构由上至下逐层计算，即可计算出高职专业群建设评价体系的层次总排序权重值，具体见表5-4。

表5-4 高职专业群建设评价体系的权重值表

| 目标层 | 一级指标 | 权重 | 二级指标 | 层内权重 | 总权重 |
| --- | --- | --- | --- | --- | --- |
| 高职专业群建设水平 | 师资队伍 | 0.2257 | 专业群带头人 | 0.5396 | 0.1218 |
| | | | 教师结构 | 0.297 | 0.067 |
| | | | 教师获奖情况 | 0.1634 | 0.0369 |
| | 人才培养质量 | 0.2841 | 学生获奖情况 | 0.1634 | 0.0464 |
| | | | 职业资格证书 | 0.297 | 0.0844 |
| | | | 毕业生就业情况 | 0.5396 | 0.1533 |
| | 教学改革及教学条件 | 0.17 | 课程体系 | 0.4228 | 0.0719 |
| | | | 教学及考核方法 | 0.2656 | 0.0452 |
| | | | 教学资源库 | 0.1744 | 0.0296 |
| | | | 实训基地 | 0.1372 | 0.0233 |
| | 产教融合 | 0.0969 | 合作平台 | 0.1689 | 0.0164 |
| | | | 合作项目 | 0.2609 | 0.0253 |
| | | | 合作人才培养 | 0.4512 | 0.0437 |
| | | | 合作开发标准 | 0.119 | 0.0115 |
| | 科技研发 | 0.0641 | 科研项目 | 0.5396 | 0.0346 |
| | | | 科研成果 | 0.297 | 0.019 |
| | | | 专利授权数 | 0.1634 | 0.0105 |
| | 专业群建设成果 | 0.1593 | 社会服务 | 0.5396 | 0.0860 |
| | | | 示范作用 | 0.1634 | 0.026 |
| | | | 特色与创新 | 0.297 | 0.0473 |

层次总排序一致性检验的计算公式为：

$$CI = \sum_{i=1}^{n} W_i CI_i$$

$$RI = \sum_{i=1}^{n} W_i RI_i$$

$$CR = CI/RI$$

其中，$W_i$是高职专业群建设评价体系中各二级指标在层次总排序中的权重，$CI_i$是各二级指标所属一级指标的判断矩阵的一致性指标，$RI_i$是各二级指标所属一级指标的判断矩阵的随机一致性指标。

根据上述公式计算得到高职专业群建设评价指标的总排序一致性检验值 CI=0.0137，RI=0.626，CR=0.0219<0.1，说明总排序权重值符合逻辑。

## 五、结果分析

第一，一级指标权重值分析。从一级指标权重值来看，人才培养质量的指标权重值最高，达到了 0.2841，其次是师资队伍（0.2257）与教学改革及教学条件（0.17），而科技研发的指标权重值最低，仅为 0.0641。

第二，二级指标权重值分析。从师资队伍评价指标来看，专业群带头人的指标权重值最高，高达 0.5396，其次是教师结构（0.297）和教师获奖情况（0.1634）；从人才培养质量评价指标来看，毕业生就业情况的指标权重值最高，为 0.5396，其次是职业资格证书（0.297）和学生获奖情况（0.1634）；从教学改革及教学条件评价指标来看，课程体系的指标权重值最高，为 0.4228，其次是教学及考核方法（0.2656）和教学资源库（0.1744），实训基地（0.1372）的指标权重最低；从产教融合评价指标来看，合作人才培养的指标权重值最高，为 0.4512，其次是合作项目（0.2609）和合作平台（0.1689），合作开发标准（0.119）的指标权重最低；从科技研发评价指标来看，科研项目的指标权重值最高，为 0.5396，其次是科研成果（0.297）和专利授权数（0.1634）；从专业群建设成果评价指标来看，社会服务的指标权重值最高，为 0.5396，其次是特色与创新（0.297）和示范作用（0.1634）。

## 六、小结

大数据背景下，高职专业群建设是个多层次的复杂系统，受到较多因素的影响，仅凭经验无法做出科学、合理的评价，必须借助科学有效的方法才能合理构建高职专业群建设评价体系。本节在专家咨询法的基础上，使用层次分析法构建高职专业群建设评价体系，结果显示：第一，对于目标层高职专业群建设水平而言，人才培养质量、师资队伍、专业群建设效果这三个一级指标对专业群建设水平的影响较大；第二，层次总排序权重值表明：在20个二级指标中，毕业生就业情况、专业群带头人、社会服务、职业资格证书、课程体系对专业群建设水平的影响较大。

# 第二节　大数据背景下高职专业群建设效果实证分析

"建设高水平专业群"是"双高计划"的重点建设任务之一，是我国高职教育领域的一项重大战略，也是高职院校提升内涵、实现高质量发展的重要载体。随着大数据技术的迅猛发展，专业群深入发展过程中产生的数据越来越趋向于多元化、多样化和复杂化，专业群建设已逐渐具备"大数据"形态。大数据背景下，开展高职专业群建设效果实证分析可以拓展高职专业群研究思路，提升高职专业群管理的科学化、规范化、制度化，改善高职专业群建设成效。

本节将综合使用层次分析法、德尔菲法和模糊评价法，在构建高职专业群建设效果评价指标体系的基础上，对某商务职业技术学院的专业群建设效果开展实证分析。

## 一、高职专业群建设效果评价指标体系的构建

根据高职专业群的基本内涵和建设目标，遵循科学性、完备性、典型性与可操作性等原则，从教学改革与创新、师资队伍、教学条件建设、人才培养质量提升、专业群建设成果5个维度出发构建高职专业群建设效果

评价指标体系。该指标体系一共由5个一级指标、17个二级指标构成，如表5-5所示。

表5-5 高职专业群建设效果评价指标体系

| 目标层 | 一级指标 | 二级指标 | 指标内涵 |
| --- | --- | --- | --- |
| 高职专业群建设效果 | 教学改革与创新 | 教学方法 | 教学理念、教学方式、现代信息技术教学手段使用情况 |
| | | 课程体系 | 公共基础课、优质核心课程及特色课程的设置 |
| | | 课程考核评价 | 多元课程考核评价体系的设置情况 |
| | 师资队伍 | 专业群带头人 | 专业群带头人的综合能力 |
| | | 骨干教师队伍 | 骨干教师比例及培训情况 |
| | | 教师结构 | 专任教师的学历结构、双师型结构和职称结构 |
| | 教学条件建设 | 实训基地 | 实训基地仪器设备是否满足师生需求 |
| | | 教学资源库 | 教学资源库的操作性、稳定性、内容全面性和资源更新频率 |
| | | 资金支持 | 有1∶1及以上配套经费 |
| | 人才培养质量提升 | 教师获奖情况 | 教师参与专业技能大赛、教学比赛、指导学生比赛的获奖情况 |
| | | 学生获奖情况 | 学生参加技能大赛及创新创业比赛的获奖情况 |
| | | 职业资格证书 | 学生考取各类职业资格证书的合格率 |
| | | 毕业生就业情况 | 毕业生就业率及就业质量 |
| | 专业群建设成果 | 产教融合 | 订单、委托、定向、现代学徒制的培养人数和比例 |
| | | 科研项目 | 国家级、省市级科研项目的立项数量 |
| | | 社会服务 | 为企业、行业发展提供社会培训 |
| | | 示范作用 | 专业群在校内和相关学校的示范作用 |

## 二、使用层次分析法确定各指标权重

### （一）构造判断矩阵

层次分析法可以分解为如下几个步骤：明确问题、建立递阶层次结构、构造判断矩阵、一致性检验、层次单排序和层次总排序。表5-5已经建立了由目标层、一级指标、二级指标构成的递阶层次结构，接下来将构造判断矩阵。邀请专家使用1-9标度法对高职专业群建设效果评价指标体系中同一层的各个指标的重要性进行两两比较，从而得到各级指标的判断矩阵。

一级指标构造的判断矩阵如下：

$$A = \begin{bmatrix} 1 & 2 & 2 & 1/2 & 1/2 \\ 1/2 & 1 & 2 & 1/2 & 1/2 \\ 1/2 & 1/2 & 1 & 1/2 & 1/2 \\ 2 & 2 & 2 & 1 & 2 \\ 2 & 2 & 2 & 1/2 & 1 \end{bmatrix}$$

各二级指标构造的判断矩阵如下：

$$B_1 = \begin{bmatrix} 1 & 2 & 2 \\ 1/2 & 1 & 2 \\ 1/2 & 1/2 & 1 \end{bmatrix}$$

$$B_2 = \begin{bmatrix} 1 & 2 & 3 \\ 1/2 & 1 & 1 \\ 1/3 & 1 & 1 \end{bmatrix}$$

$$B_3 = \begin{bmatrix} 1 & 2 & 1/2 \\ 1/2 & 1 & 1/2 \\ 2 & 2 & 1 \end{bmatrix}$$

$$B_4 = \begin{bmatrix} 1 & 1 & 1/2 & 1/3 \\ 1 & 1 & 1/2 & 1/3 \\ 2 & 2 & 1 & 1/2 \\ 3 & 3 & 2 & 1 \end{bmatrix}$$

$$B_5 = \begin{bmatrix} 1 & 1 & 1/2 & 1/2 \\ 1 & 1 & 1/2 & 1/2 \\ 2 & 2 & 1 & 2 \\ 2 & 2 & 1/2 & 1 \end{bmatrix}$$

## （二）判断矩阵的一致性检验

当随机一致性比率 CR<0.1 时，说明判断矩阵通过了一致性检验，CR 的计算方法为：

$$CR = \frac{CI}{RI}, \quad CI = \frac{\lambda_{max} - n}{n - 1}$$

其中，CI 为一致性指标，RI 为随机一致性指标，$\lambda_{max}$ 为判断矩阵的最大特征值，$n$ 为判断矩阵的阶数。各判断矩阵一致性检验的相关数据如表 5-6 所示。

表 5-6　一致性检验结果

| 判断矩阵 | $n$ | $\lambda_{max}$ | CI | RI | CR |
| --- | --- | --- | --- | --- | --- |
| $A$ | 5 | 5.1947 | 0.0487 | 1.12 | 0.0435 |
| $B_1$ | 3 | 3.0536 | 0.0268 | 0.58 | 0.0462 |
| $B_2$ | 3 | 3.0183 | 0.0091 | 0.58 | 0.0158 |
| $B_3$ | 3 | 3.0536 | 0.0268 | 0.58 | 0.0462 |
| $B_4$ | 4 | 4.0104 | 0.0035 | 0.91 | 0.0038 |
| $B_5$ | 4 | 4.0606 | 0.0202 | 0.91 | 0.0222 |

从表 5-6 可以看出，各判断矩阵的 CR 值均小于 0.1，说明高职专业群建设效果评价指标体系的一二级指标对应的所有判断矩阵均通过了一致性检验，符合逻辑。

（三）层次单排序及层次总排序

一级指标判断矩阵归一化后的特征向量为：

$W = (0.1854\quad 0.1405\quad 0.1065\quad 0.3229\quad 0.2447)$

各二级指标判断矩阵归一化后的特征向量为：

$W_1 = (0.4934\quad 0.3108\quad 0.1958)$

$W_2 = (0.5499\quad 0.2402\quad 0.2098)$

$W_3 = (0.3108\quad 0.1958\quad 0.4934)$

$W_4 = (0.1409\quad 0.1409\quad 0.2628\quad 0.4554)$

$W_5 = (0.1634\quad 0.1634\quad 0.3952\quad 0.2781)$

根据各二级指标判断矩阵归一化后的特征向量，可以得到高职专业群建设效果评价指标体系的层次单排序权重值，在此基础上沿着递阶层次结构由上至下逐层计算，就可以得到高职专业群建设效果评价指标体系的层次总排序权重值，具体见表 5-7。

表 5-7 高职专业群建设效果评价指标权重值

| 目标层 | 一级指标 | 权重 | 二级指标 | 层次单排序 | 层次总排序 |
|---|---|---|---|---|---|
| 高职专业群建设效果 | 教学改革与创新 | 0.1854 | 教学方法 | 0.4934 | 0.0915 |
| | | | 课程体系 | 0.3108 | 0.0576 |
| | | | 课程考核评价 | 0.1958 | 0.0363 |
| | 师资队伍 | 0.1405 | 专业群带头人 | 0.5499 | 0.0773 |
| | | | 骨干教师队伍 | 0.2402 | 0.0337 |
| | | | 教师结构 | 0.2098 | 0.0295 |
| | 教学条件建设 | 0.1065 | 实训基地 | 0.3108 | 0.0331 |
| | | | 教学资源库 | 0.1958 | 0.0209 |
| | | | 资金支持 | 0.4934 | 0.0525 |
| | 人才培养质量提升 | 0.3229 | 教师获奖情况 | 0.1409 | 0.0455 |
| | | | 学生获奖情况 | 0.1409 | 0.0455 |
| | | | 职业资格证书 | 0.2628 | 0.0849 |
| | | | 毕业生就业情况 | 0.4554 | 0.147 |
| | 专业群建设成果 | 0.2447 | 产教融合 | 0.1634 | 0.04 |
| | | | 科研项目 | 0.1634 | 0.04 |
| | | | 社会服务 | 0.3952 | 0.0967 |
| | | | 示范作用 | 0.2781 | 0.0681 |

**（四）指标权重值分析**

一级指标权重值方面，人才培养质量提升的指标权重值最高，为 0.3229，其次是专业群建设成果（0.2447），师资队伍、教学条件建设的指标权重值相对较低，分别为 0.1405、0.1065。

二级指标权重值方面，教学改革与创新中，教学方法的指标权重值最高，为 0.4934，其次是课程体系（0.3108），课程考核评价（0.1958）最低；师资队伍中，专业群带头人的指标权重值最高，为 0.5499，其次是骨干教师队伍（0.2402），教师结构（0.2098）最低；教学条件建设中，资金支持的指标权重值最高，为 0.4934，其次是实训基地（0.3108），教学资源库（0.1958）最低；人才培养质量提升中，毕业生就业情况的指标权重值最高，为 0.4554，其次是职业资格证书（0.2628），教师获奖情况和学生获奖情况较低，均为 0.1409；专业群建设成果中，社会服务的指标权重值最高，为 0.3952，其次是示范作用（0.2781），产教融合和科研项目较低，均为 0.1634。从层次总排序来看，毕业生就业情况的指标权重值最高，为 0.147，其次是社会服务（0.0967）、教学方法（0.0915）、职业资格证书（0.0849）、专业群带头人（0.0773），而教师结构（0.0295）和教学资源库（0.0209）相对较低。

## 三、实证分析

模糊评价可以将不确定的定性指标定量化，评价结果可以刻画出一种"中介状态"，即使用"属于程度"代替"属于"或"不属于"。模糊评价法可以分解为如下三个步骤：确定因素集和评价集、确定隶属度矩阵、多级模糊评价。

### （一）确定因素集和评价集

高职专业群建设效果评价指标体系由一、二级指标构成，故因素集 $U$ 共有两层，即 $U=\{u_1, u_2, u_3, u_4, u_5\}$，$u_1=\{x_1, x_2, x_3\}$，$u_2=\{x_4, x_5, x_6\}$，$u_3=\{x_7, x_8, x_9\}$，$u_4=\{x_{10}, x_{11}, x_{12}, x_{13}\}$，$u_5=\{x_{14}, x_{15}, x_{16}, x_{17}\}$。

构建评价集 $V=\{v_1, v_2, v_3, v_4, v_5\}$，其中 $v_1, v_2, v_3, v_4, v_5$ 分别对应"很差""较差""一般""较好""很好"五级评价。

### （二）确定隶属度矩阵

根据高职专业群建设效果评价指标体系，设计一份关于某商务职业技术学院专业群建设情况的调查问卷，先对该问卷进行预调查，然后将其发放给专家组的各位专家，通过问卷调查的结果确定指标体系中各指标的隶属度矩阵。使用运算法则 $X=m/n$ 计算各指标的隶属度矩阵，其中，$X$ 为隶属度矩阵，$m$ 为各指标获得的各评价等级的频数，$n$ 为专家总人数。计算得到该商务职业技术学院各二级指标的隶属度矩阵为：

$$R_1=\begin{bmatrix} 0 & 0.12 & 0.26 & 0.5 & 0.12 \\ 0 & 0.08 & 0.34 & 0.52 & 0.06 \\ 0 & 0.2 & 0.32 & 0.44 & 0.04 \end{bmatrix}$$

$$R_2=\begin{bmatrix} 0 & 0.12 & 0.16 & 0.4 & 0.32 \\ 0 & 0.2 & 0.2 & 0.46 & 0.14 \\ 0 & 0.14 & 0.22 & 0.42 & 0.22 \end{bmatrix}$$

$$R_3=\begin{bmatrix} 0.02 & 0.46 & 0.38 & 0.12 & 0.02 \\ 0.04 & 0.5 & 0.36 & 0.1 & 0 \\ 0 & 0.32 & 0.52 & 0.06 & 0.1 \end{bmatrix}$$

$$R_4=\begin{bmatrix} 0 & 0.06 & 0.34 & 0.54 & 0.06 \\ 0 & 0.14 & 0.5 & 0.32 & 0.04 \\ 0 & 0.06 & 0.36 & 0.34 & 0.24 \\ 0 & 0.32 & 0.4 & 0.28 & 0 \end{bmatrix}$$

$$R_5=\begin{bmatrix} 0.1 & 0.34 & 0.34 & 0.22 & 0 \\ 0.06 & 0.22 & 0.28 & 0.38 & 0.06 \\ 0.04 & 0.36 & 0.26 & 0.28 & 0.06 \\ 0.04 & 0.2 & 0.36 & 0.3 & 0.1 \end{bmatrix}$$

**（三）多级模糊评价**

高职专业群建设效果评价指标体系由一、二级指标构成，相对应地，其多级模糊评价由一级模糊评价和二级模糊评价构成。一级模糊评价指对一级指标层因子开展模糊评价，二级模糊评价指对目标层开展模糊评价。一级模糊评价的计算法则为 $B_i = W_i \cdot R_i$（$i=1, 2, 3, 4, 5$），其中，$W_i$ 为二级指标层各指标相对于一级指标层指标的权重向量，$R_i$ 为各二级指标的隶属度矩阵。按照上述方法计算得到各一级指标的模糊评价结果为：

$B_1 = W_1 \cdot R_1$

$= (0.4934 \quad 0.3108 \quad 0.1958) \begin{bmatrix} 0 & 0.12 & 0.26 & 0.5 & 0.12 \\ 0 & 0.08 & 0.34 & 0.52 & 0.06 \\ 0 & 0.2 & 0.32 & 0.44 & 0.04 \end{bmatrix}$

$= (0 \quad 0.1232 \quad 0.2966 \quad 0.4945 \quad 0.0857)$

同理，可计算得到 $B_2 = (0 \quad 0.1434 \quad 0.1822 \quad 0.4186 \quad 0.2558)$

$B_3 = (0.014 \quad 0.3988 \quad 0.4452 \quad 0.0865 \quad 0.0556)$

$B_4 = (0 \quad 0.1897 \quad 0.3951 \quad 0.338 \quad 0.0772)$

$B_5 = (0.0531 \quad 0.2894 \quad 0.3042 \quad 0.2921 \quad 0.0613)$

二级模糊评价的计算法则为 $B=W\cdot R$，其中，$W$ 为一级指标层各指标相对于目标层的权重向量，$R=\begin{bmatrix}B_1\\B_2\\B_3\\B_4\\B_5\end{bmatrix}$。按照上述方法计算得到：

$$B=W\cdot R$$
$$=\begin{pmatrix}0.1854 & 0.1405 & 0.1065 & 0.3229 & 0.2447\end{pmatrix}$$
$$\begin{bmatrix}0 & 0.1232 & 0.2966 & 0.4945 & 0.0857\\ 0 & 0.1434 & 0.1822 & 0.4186 & 0.2558\\ 0.014 & 0.3988 & 0.4452 & 0.0865 & 0.0556\\ 0 & 0.1897 & 0.3951 & 0.338 & 0.0772\\ 0.0531 & 0.2894 & 0.3042 & 0.2921 & 0.0613\end{bmatrix}$$
$$=\begin{pmatrix}0.0145 & 0.218 & 0.33 & 0.3403 & 0.0977\end{pmatrix}$$

### （四）评价结果

根据最大隶属度原则，$B_{Max}=0.3403$，对应评价级 $V$ 中的第四级，故该商务职业技术学院专业群建设效果的模糊评价结果为"较好"。其中，教学改革与创新、师资队伍的模糊评价结果为"较好"，教学条件建设、人才培养质量提升、专业群建设成果的模糊评价结果均为"一般"。

## 四、结论与建议

从教学改革与创新、师资队伍、教学条件建设、人才培养质量提升、专业群建设成果5个维度出发，通过层次分析法构建高职专业群建设效果评价指标体系，并使用模糊评价法对某商务职业技术学院的专业群建设效果开展实证分析。研究结果表明：

第一，高职专业群建设效果评价指标体系的一级指标中，人才培养质量提升、专业群建设成果对高职专业群建设效果的影响程度较大；二级指标中，毕业生就业情况、社会服务、教学方法、职业资格证书、专业群带头人对高职专业群建设效果的影响程度较大。

第二，该商务职业技术学院专业群建设效果的模糊评价结果为"较好"。其中，教学改革与创新、师资队伍的模糊评价结果为"较好"，教学条件建设、人才培养质量提升、专业群建设成果的模糊评价结果均为"一般"。这说明该商务职业技术学院专业群的整体建设效果较好，但教学条件建设、人才培养质量提升、专业群建设成果方面仍有待进一步改善。

上述研究结果反映了该商务职业技术学院专业群建设的现状与面临的问题，据此提出如下建议。

一是多维度改善教学条件。以专业群内各专业的核心技能训练为导向，组建实训基地，完善实训基地的设备和配置，加强实训基地的管理，打造一个具备专业实训指导教师、配套实训教材、系列化实训项目的高水平专业群实训基地。从教学资源库的操作性、稳定性、内容全面性、资源形式多样性、资源更新频率等方面入手，分工协作创建优质共享型专业群教学资源库。

二是全方位提升人才培养质量。从综合素质、职业发展、就业质量等方面，健全专业群人才培养体系。以学生为本，以职业为切入点，注重培养学生的核心素养、职业能力和职业精神。专业群建设过程中加强对学生的劳动教育，做到以劳强体、以劳增智、以劳树德、以劳育美。同时，鼓励学生积极参加各类职业技能竞赛和创新创业比赛，通过各级各类比赛促进学生专业能力、社会能力、创新能力的全面提升，并将立德树人和工匠精神融入专业群各类课程和活动中，着力培养一批能力突出、道德高尚、技能高超、产业亟需的人才。

三是巩固和提升专业群建设成果。深化产教融合，积极争取政行企社多元主体参与专业群建设工作，激发多元办学主体参与职教办学的积极性。积极服务社会，资源库和实训基地在满足校内教学实践活动的同时，还应为社会培训、社会技术服务、企业提升人力资源、社会公众取得职业技能等级证书等方面提供有力支撑。改善科研管理机制，提升科研管理工作效率，优化科研管理保障工作，鼓励教师积极申报科研项目、发表论文、申请专利。同时，加强核心专业在专业群内的示范带动作用和辐射效应，扎实推进专业群的国内外交流与合作,提升专业群在校内和相关学校的影响力和示范作用。

## 第三节　大数据背景下高职院校财务风险评价指标体系的构建

国家中长期教育改革和发展规划纲要(2010—2020年)提出,要大力发展职业教育,发展职业教育是推动经济发展、促进就业、改善民生、解决"三农"问题的重要途径,必须摆在更加突出的位置[①]。随着互联网的深入发展,我国各产业已成功进入具有丰富时代特征的"互联网+"时代,高校财务管理工作也不例外。只有不断加强高职院校财务信息化建设,才能提高高职院校财务管理工作的效率,促进高职院校财务管理工作的可持续发展。在大数据背景下,研究高职院校财务风险评价指标体系的构建,对加强财务管理、避免出现财务危机,具有重大的理论意义与现实指导意义。

### 一、高职院校"生源荒"现状

#### (一)高考生源总数减少

如图5-1所示,全国普通高中毕业生数在2008年达到历史最高峰836.1万人之后开始呈现下降趋势,近年来逐渐稳定在780万人左右;全国普通小学招生数从2002年的1952.8万人跌落至2009年的1637.8万人,2018—2020年持续稳定在1800万人左右。图5-1反映了我国近年来小学生和高中生的存量基础,可以看出,未来高考报名人数将处于稳中略降的发展态势。

---

① 国家中长期教育改革和发展规划纲要工作小组办公室. 国家中长期教育改革和发展规划纲要(2010—2020年)[M]. 北京:人民教育出版社,2010.

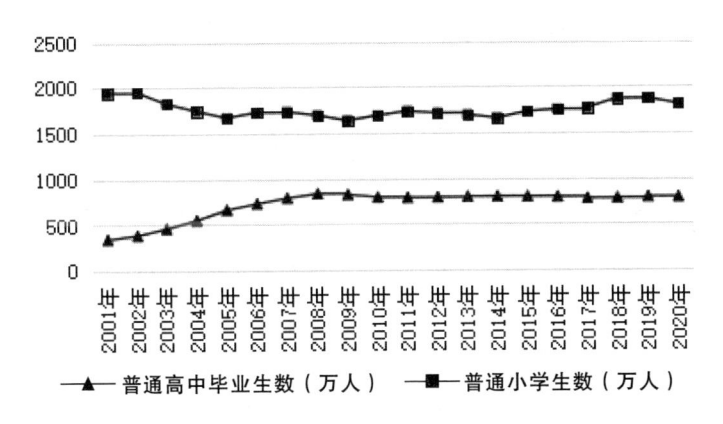

第五章 大数据在高职院校专业群建设评价及财务风险评价中的应用

图 5-1 2001-2020 年全国普通高中毕业生数及普通小学招生数

## （二）高职院校缺乏吸引力

相比于本科院校而言，高职院校在招生时缺乏优势，对学生和家长的吸引力不足。本科院校办学条件更好，有更多的招生指标，也更受社会和家长的肯定。高职院校中成绩较好的学生在家庭条件允许时，为了获得本科第一学历，也会选择专升本。

## （三）中职院校及成人教育挤压高职生源

中职院校及形式多样的成人教育正在挤压高职生源。近年来，中职学校扩招，加重了高职院校的生源荒情况。同时，越来越多适龄青年选择不参加高考，而是在工作的同时选择譬如电大、网大、夜大等成人教育来获得文凭。这些情况都挤压了高职的生源。

## （四）高职教育就业情况欠佳

一般来说，进入高职院校的学生，其文化基础和学习能力的起点都比较低，加之部分高职院校办学方向不明，专业缺乏特色等原因，导致高职教育质量及高职院校学生就业情况欠佳。一些高职院校学生毕业即面临失业，或就业质量不高，就业难成了普遍现象。

## 二、构建高职院校财务风险评价指标体系的原则

大数据背景下,高职院校财务风险评价指标体系的构建原则包括四点。第一,科学性原则。在构建高职院校财务风险评价指标体系时,各指标应该选取科学、设计合理,能切实反映高职院校的财务风险。第二,系统性原则。在构建指标体系时,将高职院校的财务活动看成一个整体,指标体系要包含高职院校运行的方方面面,同时又要避免因指标太多而增加评价难度。第三,实用性原则。指标体系必须贴近实际、贴近生活,构建基础应该是高职院校的财务核算体系。第四,动态完善性原则。高职院校财务风险会随着内外部环境的变化而改变,为了适应未来的动态发展,需要对评价指标体系进行动态调整,使之更加完善。

## 三、高职院校财务风险评价指标的设计

### (一)偿债能力指标

偿债能力指高职院校偿还到期负债的能力,从以下几个方面分析高职院校偿债能力。

1. 资产负债率

资产负债率=负债总额÷资产总额×100%。对于高职院校而言,该指标过高或过低都不理想。如果该指标数值过高,高职院校的财务风险会快速增大,反之,学校的发展难以得到足够的资金支持。

2. 流动比率

流动比率=流动资产÷流动负债×100%。如果该指标较高,一方面说明高职院校的营运资金比较充足,可以保证短期债务的偿还,另一方面也表示高职院校能够迅速变现的资产规模较大,债权人受到经济损失的风险相对较小。

3. 现实支付能力

现实支付能力=年末货币资金÷月平均支出。该指标表示高职院校

拥有的货币资金规模能够支持资金正常运行周转所需的周期长度。它的数值越低，说明高职院校对到期债务的偿还能力越弱，反之则越强。结合高职院校的具体情况，一般将警戒线确定为3个月的长度。

4. 潜在支付能力

潜在支付能力 =（年末货币资金 + 年末应收票据 + 年末借出款 + 年末债券投资 – 年末短期借入款到期数 – 年末应缴财政专户 – 年末应缴税金）÷ 月平均支出。该指标值越高，说明高职院校的潜在偿债能力越强，反之则说明高职院校所具有的潜在偿债能力越差。

### （二）总体失衡能力指标

总体失衡风险是指高职院校的财务状况在长期平衡过程中出现的失衡现象，从以下几个方面分析高职院校的总体失衡风险。

1. 年末借款经费比

年末借款经费比 =（年末银行借款 + 其他现金借款）÷（国家财政拨款 + 预算内经费 + 社会与个人办学经费 + 学生学杂费 + 捐赠与集资经费 + 其他经费）。该指标能从相对量上反映高职院校承受财务风险的程度，数值越大风险越高。

2. 银行存款保障率

银行存款保障率 = 负债 ÷（银行存款余额 + 现金余额）× 100%。银行存款保障率属于区间型变量指标，在一定区间范围内，其数值越大，说明高职院校资金调节能力越差，风险越大；反之，说明高职院校负债资金有保障，风险较小。

3. 专项资金占用程度

专项资金占用程度 =（借出款 + 应收及暂付款 + 投资基金 – 收入 × 20% – 事业基金）÷（资产总额 – 事业基金 – 固定基金）× 100%。该指标越大，说明专项资金的挪用额越大，高职院校财务风险就越大。

4. 学校货币资金支付比率

学校货币资金支付率 =（现金 + 银行存款 + 持有债券）÷（支出总

额÷12）。该指标值越小，说明高职院校可支配和周转的财力越小，风险越大；反之，说明高职院校可支配和周转的财力越大，风险越小。

### （三）运营能力指标

1. 年度收支比率

年度收支比率＝本年度实际收入÷本年度实际支出×100%。年度收支比率反映的是本年度高职院校预算支出与收入间的平衡关系，该指标为极大型指标，可以反映高职院校隐性负债的状况。

2. 资本增值率

资本增值率＝（年末所有者权益－年初所有者权益）÷年初所有者权益×100%。资本增值率说明高职院校总资产的综合利用情况，该指标为极大型变量指标，值越大，说明高职院校该年的财务运营状况越好。

3. 总资产收益率

总资产收益率＝净收入÷资产平均总额×100%。该指标数值越高，说明高职院校的运营绩效越好，财务风险越低。

4. 招生计划现金比率

招生计划现金比率＝实际收到学费÷应收取学费×100%。该指标是极大型变量指标，当值小于1时，说明该校存在学生欠费情况。当学生欠费现象较多时，会增加高职院校的财务风险。

### （四）成长能力指标

1. 自筹能力比率

自筹能力比率＝自筹收入÷总收入。自筹收入包括事业收入、经营收入、附属单位缴款和其他收入。自筹能力比率反映高职院校的创收能力，属于极大型变量指标，其值越大，说明高职院校积累资金的能力越强，财务风险越低。

2. 自有资金动用程度

自有资金动用程度＝（年末对外投资＋年末对校办产业投资＋年末借

出款+非正常运转暂付款）÷（年末事业基金+年末专用基金–留本基金）。该指标为极小型变量指标，值越大，说明高职院校未来发展受到的阻力越大。

3. 现金净额增长率

现金净额增长率=（年末现金净额–年初现金净额）÷年初现金净额。该指标中的现金指广义的现金，包括库存现金、银行存款、可兑换的有价证券等。该指标为极大型变量指标，值越大，说明高职院校支付债务和调控资金的能力越强。

4. 净资产收入比率

净资产收入比率=（期末净资产–期初净资产）÷期初净资产×100%。该指标为极大值数值指标，值越大，说明高职院校发展潜力越大。

### 四、高职院校财务风险评价指标体系的构建

本节将使用层次分析法构建高职院校的财务风险评价指标体系。层次分析法是把决策问题的相关元素分解成目标、准则和方案等层次，再进行定性和定量分析的一种决策方法。层次分析模型主要分为三层：目标层、准则层和方案层。

（一）确定评价目标

在大数据背景下，通过构建高职院校财务风险评价指标体系，评价高职院校的财务状况，衡量高职院校的财务风险，从而促进我国高职教育持续健康稳定发展。

（二）建立高职院校财务风险评价目标层次

高职院校财务风险评价模型如图5-2所示。

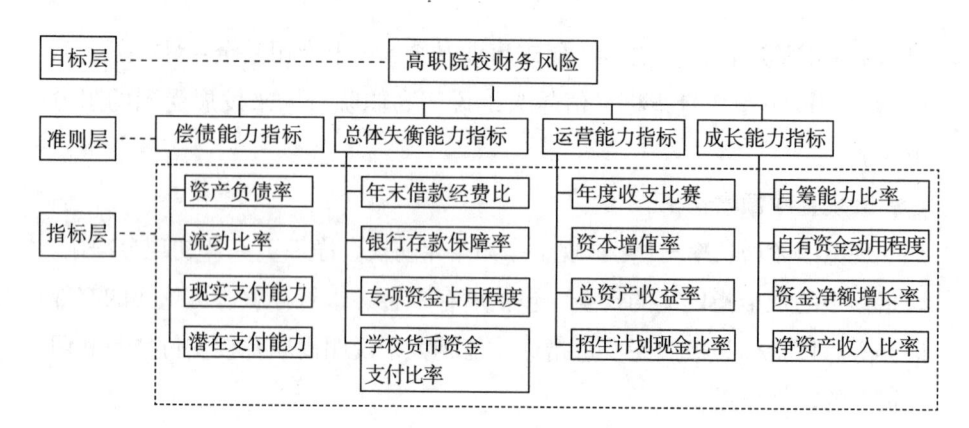

```
目标层 -------- 高职院校财务风险
              ┌──────┬──────────┬──────┬──────┐
准则层 ----  偿债能力指标  总体失衡能力指标  运营能力指标  成长能力指标
              │          │          │          │
指标层 ----  资产负债率  年末借款经费比  年度收支比赛  自筹能力比率
              流动比率    银行存款保障率  资本增值率    自有资金动用程度
              现实支付能力 专项资金占用程度 总资产收益率  资金净额增长率
              潜在支付能力 学校货币资金   招生计划现金比率 净资产收入比率
                          支付比率
```

图 5-2　高职院校财务风险评价目标层次

## （三）构造判断矩阵

在层次分析法中，通常是使用 1-9 标度方法将判断定量化，判断矩阵标度及含义如表 5-8 所示。

表 5-8　判断矩阵标度及其含义

| 序号 | 两个元素相比的重要性等级 | 赋值 |
|---|---|---|
| 1 | 具有同等重要性 | 1 |
| 2 | 前者比后者稍重要 | 3 |
| 3 | 前者比后者明显重要 | 5 |
| 4 | 前者比后者强烈重要 | 7 |
| 5 | 前者比后者极端重要 | 9 |
| 6 | 上述相邻判断的中间值 | 2、4、6、8 |

通过专家打分法得到各层的判断矩阵。其中，目标层的判断矩阵记为 $A$，准则层中偿债能力指标、总体失衡能力指标、运营能力指标和成长能力指标的判断矩阵，分别记为 $B_1$、$B_2$、$B_3$、$B_4$，各判断矩阵如下所示。

$$A=\begin{bmatrix} 1 & 2 & 2 & 4 \\ 1/2 & 1 & 1 & 2 \\ 1/2 & 1 & 1 & 2 \\ 1/4 & 1/2 & 1/2 & 1 \end{bmatrix} \quad B_1=\begin{bmatrix} 1 & 1 & 2 & 3 \\ 1 & 1 & 2 & 3 \\ 1/2 & 1/2 & 1 & 3/2 \\ 1/3 & 1/3 & 2/3 & 1 \end{bmatrix}$$

$$B_2=\begin{bmatrix} 1 & 2 & 1 & 3 \\ 1/2 & 1 & 1/2 & 2 \\ 1 & 2 & 1 & 3 \\ 1/3 & 1/2 & 1/3 & 1 \end{bmatrix} \quad B_3=\begin{bmatrix} 1 & 3 & 2 & 4 \\ 1/3 & 1 & 1/2 & 2 \\ 1/2 & 2 & 1 & 3 \\ 1/4 & 1/2 & 1/3 & 1 \end{bmatrix} \quad B_4=\begin{bmatrix} 1 & 1 & 1/3 & 1 \\ 1 & 1 & 1/2 & 2 \\ 3 & 2 & 1 & 3 \\ 1 & 1/2 & 1/3 & 1 \end{bmatrix}$$

## （四）一致性检验

$\lambda_1$，$\lambda_2$，…，$\lambda_n$ 满足 $Ax=\lambda x$，引入指标 CI=（$\lambda_{max}$-n）/（n-1）作为度量判断矩阵偏离一致性的指标。为了衡量不同判断矩阵是否具有满意的一致性，引入判断矩阵的随机一致性指标 RI 值，如表 5-9 所示。

表 5-9 随机一致性指标 RI

| n | 1 | 2 | 3 | 4 | 5 | 6 | 7 | 8 | 9 | 10 |
|---|---|---|---|---|---|---|---|---|---|---|
| RI | 0 | 0 | 0.58 | 0.91 | 1.12 | 1.24 | 1.32 | 1.41 | 1.45 | 1.49 |

引入指标 CR=CI/RI，当 CR<0.1 时，判断矩阵具有满意的一致性，否则判断矩阵需要调整。本研究使用 Matlab 软件计算矩阵的特征根及特征向量，计算结果如下：

对于目标层矩阵 $A$（n=4）：$\lambda_{max}$=4，CI=0，CR=0<0.1；

对于准则层矩阵 $B_1$（n=4）：$\lambda_{max}$=4，CI=0，CR=0<0.1；

对于准则层矩阵 $B_2$（n=4）：$\lambda_{max}$=4.0104，CI=0，CR=0<0.1；

对于准则层矩阵 $B_3$（n=4）：$\lambda_{max}$=4.031，CI=0，CR=0<0.1；

对于准则层矩阵 $B_4$（n=4）：$\lambda_{max}$=4.0458，CI=0，CR=0<0.1。

根据以上计算结果可知，目标层及准则层的判断矩阵均通过了一致性检验。

## （五）层次单排序

使用 Matlab 计算出各个矩阵的层次单排序，其中，目标层的判断矩阵 $A$ 的层次单排序记作 $W$，准则层的判断矩阵 $B_1$、$B_2$、$B_3$、$B_4$ 的层次单排序分别记作 $W_1$、$W_2$、$W_3$、$W_4$，具体如下：

$$W=\begin{bmatrix}0.4444\\0.2222\\0.2222\\0.1111\end{bmatrix} \quad W_1=\begin{bmatrix}0.3529\\0.3529\\0.1765\\0.1176\end{bmatrix} \quad W_2=\begin{bmatrix}0.3509\\0.1891\\0.3509\\0.1091\end{bmatrix}$$

$$W_3=\begin{bmatrix}0.4673\\0.1601\\0.2772\\0.0954\end{bmatrix} \quad W_4=\begin{bmatrix}0.1716\\0.2260\\0.4588\\0.1436\end{bmatrix}$$

## （六）层次总排序

依次沿着递阶层次结构由上而下逐层计算，即可计算出最低层因素对最高层的相对重要性的排序值，即层次总排序，结果如表 5-10 所示。

表 5-10　层次总排序

| 指标 | 权数 | 指标 | 权数 |
| --- | --- | --- | --- |
| 资产负债率 | 0.1568 | 年度收支比率 | 0.1038 |
| 流动比率 | 0.1568 | 资本增值率 | 0.0356 |
| 现实支付能力 | 0.0784 | 总资产收益率 | 0.0616 |
| 潜在支付能力 | 0.0523 | 招生计划现金比率 | 0.0212 |
| 年末借款经费比 | 0.0784 | 自筹能力比率 | 0.0191 |
| 银行存款保障率 | 0.0420 | 自有资金动用程度 | 0.0251 |
| 专项资金占用程度 | 0.0780 | 现金净额增长率 | 0.0510 |
| 学校货币资金支付比率 | 0.0242 | 净资产收入比率 | 0.0160 |

## 五、小结

首先，根据高职院校的财务风险特点，把高职院校财务风险评价体系分成了偿债能力、总体失衡能力、运营能力及成长能力四个方面，每一方面均选取了四个指标，共选取了十六个指标来构建高职院校财务风险评价指标体系。

其次，通过层次分析法对高职院校财务风险评价指标体系中的每一个指标都赋予了相应的权重。高职院校财务风险评价指标体系的十六个指标中，资产负债率、流动比率、年度收支比率明显比其余十三个指标的比重要高，所以在控制高职院校财务风险时，应该重点关注和改善这几个指标的数值。

## 参考文献

[1] 张秦. 高职专业群建设效果评价指标体系研究——以湖南商务职业技术学院为例[J]. 教育科学论坛, 2021（18）: 15-19.

[2] 张秦, 陈铁. "双高计划"背景下高职专业群建设评价体系构建研究[J]. 湖南邮电职业技术学院学报, 2021, 20（0）: 71-74, 102.

[3] 张秦. 生源趋减形势下高职院校财务评价指标体系的建立[J]. 科学与财富, 2018, 2（10）: 160-161.

[4] 谭起兵. 职业教育特色专业群服务产业集群内涵建设与路径探析[J]. 中国职业技术教育, 2020（8）: 54-59.

[5] 方飞虎, 潘上永, 王春青. 高等职业教育专业群建设评价指标体系构建[J]. 职业技术教育, 2015, 36（5）: 59-62.

[6] 李林. 高职专业群建设评价体系构建研究[J]. 教育评论, 2017（8）: 76-79.

[7] 王秋霞, 莫磊. 会计专业群本科层次职业人才培养模式的实践探索——以广西财经学院为例[J]. 中国职业技术教育, 2019（23）: 81-87.

[8] 陈超群, 胡伏湘. 高职院校现代服务业一流特色专业群建设评价研究[J]. 职业教育研究, 2019（9）: 21-27.

[9] 赵焕臣, 许树柏, 和金生. 层次分析法: 一种简易的新决策方法[M]. 北京: 科学出版社, 1986.

[10] 张红. 高职院校高水平专业群建设路径选择[J]. 中国高教研究, 2019（6）: 105-108.

[11] 吴升刚, 郭庆志. 高职专业群建设的基本内涵与重点任务[J]. 现代教育管理, 2019（6）: 101-105.

［12］宋楚平，陈正东，路雅淇，等．大数据背景下高水平专业群建设成效评价体系构建［J］．职业技术教育，2021，42（29）：71-75．

［13］王瑞婷．大数据背景下的高校财务信息化建设优化分析［J］．产业与科技论坛，2021，20（23）：287-288．

［14］许德宽．困境与出路：高职院校"生源荒"探析［J］．教育与职业，2013（9）：7-9．

# 第六章　大数据在高职院校治理中的应用

高职院校治理作为构建现代职业教育治理体系的重要内容，是推动现代职业教育治理改革的关键部分，对推进高职院校治理现代化进程具有重要意义。

大数据时代的到来，带来了数据的广泛应用，高职院校治理必须积极应对大数据时代的到来，创新治理方式，运用数据治理提升治理水平，推进治理能力现代化。

## 第一节　高职院校治理及数据治理研究综述

### 一、高职院校治理研究综述

从"管理"转向"治理"是高等教育的重大转变，是公共权威为实现公共利益而进行的管理活动和管理过程。高职院校治理是教育治理不可或缺的内容。当前，我国高职院校治理研究主要集中于高职院校制度建设、治理结构、治理体系、运行机制、治理能力现代化等方面。

## （一）高职院校制度建设

高职院校制度建设是高职院校治理的基础，是我国深化职业教育领域综合改革的重要内容。高职院校制度建设是指建立与当下政治、经济、文化背景相适应，能处理政行企校及高职院校内部复杂关系，符合培养社会需求的高端技能人才规律的一系列规则体系，包括了高职院校制度的制定、执行与评估三个方面。现有研究认为可以从制定学校章程、优化高职院校治理结构、推进校企合作制度化建设三方面着手推进高职院校制度建设。

第一，制定和优化高职院校章程。高职院校章程是高职院校自主管理的基本依据，是现代学校制度建设的重要载体。高职院校的章程制定需要从学校当下发展状况出发，符合现代职业教育可持续发展的需要，协调多元主体的利益关系。

第二，优化高职院校治理结构。优化高职院校治理结构是高职院校制度建设的核心内容之一。高职院校治理结构建设要在遵循学校制度建设基本规范的基础上，积极学习国内外优秀经验。

第三，推进校企合作制度化建设。为了确保校企合作的顺利推进，需要建立科学有效的保障机制，如自上而下的协调机制、专业教学指导委员会等，还需要建立健全激励机制，鼓励企业参与到校企合作中来。

## （二）高职院校治理结构

高职院校治理结构是指高职院校处理多元利益主体关系及学校内部权利配置的一系列制度，是高等职业教育治理的核心内容。对于高职院校治理结构的内涵，不同学者从不同角度进行了界定。肖凤翔等认为高职院校具有普通高等学校和职业院校的双重特点，所以高职院校治理结构也不同于一般的普通高等学校和社会组织，应突出职业教育的特点，符合职业教育发展规律[①]。张海峰等认为高职院校治理结构的构建应以决策民主化、

---

① 肖凤翔，肖艳婷. 高职院校治理之维：研究综述及展望［J］. 职教论坛，2018（5）：13-18.

组织扁平化、管理跨界化、行为法治化为目标,并遵循完善二级管理体制、建立高职院校理事会、成立独立监事会等路径,协调学校、政府、行业、企业之间的关系[①]。高职院校治理结构包括内部治理结构和外部治理结构,其中,高职院校内部治理结构包括学校权利分配、人事任免与资源配置等方面,高职院校外部治理结构是高职院校与政府、行业、企业、社会组织之间各种关系的体现。当前,高职院校内部治理结构存在民主参与虚化、结构封闭、学术权力弱化、行政权力泛化的问题,外部治理结构存在各治理主体间关系不协调、各方利益无法得到保障等问题[②]。

(三)高职院校治理体系

高职院校治理体系是一个具有现代性特点的开放系统,是实现职业教育现代化的工具和手段,是高职教育现代化过程中的应有之义,是一种学习过程和动力机制,有其独特的实现路径。构建高职院校治理体系要从明晰治理理念、健全治理制度机制、优化治理结构、改善治理文化四个方面出发,关注多元价值诉求,着眼于区域经济社会发展需求,以实现民主性制度、协调性价值、规范性运行、开放性结构、效率性实践为目标。南旭光认为当下我国高职院校治理体系建设面临着治理主体对治理价值认知不到位、治理手段落后、治理实践手段不适应当下经济社会发展需求、治理制度不健全、治理主体参与性不高、治理体系与治理能力现代化目标差距较大等问题[③]。周建松等认为高职院校治理体系现代化是高职教育创新发展的基础性保障,是构建现代职业教育体系的重要支柱,应通过实现高职

---

① 张海峰,童丰生.高职院校治理结构重建的目标、任务与路径[J].职教论坛,2016(17):88-92.

② 孙建.高职院校内部治理结构:问题、策略与举措[J].教育与职业,2020(7):40-45.

③ 南旭光.供给侧结构性改革下的职业教育治理:逻辑、困境与出路[J].职业技术教育,2017,38(6):34-40.

院校治理体系现代化促进高职院校治理机制日趋完善[①]。

### （四）高职院校治理运行机制

高职院校治理能力建设不仅要构建高职院校治理制度和治理结构，还需要强化运行机制建设。高职院校运行机制建设的目标是提升高职院校治理能力与治理效率，有效的高职院校治理运行机制可以提升高职院校治理能力。当前，我国高职院校治理机制尚不健全，影响高职院校治理的效果。现有研究从不同视角探讨了高职院校治理运行机制存在的问题：院校权力分配视角上，我国高职院校运行机制实行的是党委领导下的校长负责制，"党委领导"和"校长负责"是高职院校领导体制中密不可分的两个方面，但具体工作中可能一定程度上存在相关权力与责任划分不清的情况，导致高职院校治理制度和治理结构存在不少问题，高职院校治理能力弱化；高职院校演进视角上，我国高职院校治理结构因外部制约因素过多而影响治理实践，又因内部治理结构过于封闭而影响治理创新；高职院校发展特点视角上，我国高职院校内部治理组织结构松散，治理理念较为陈旧，不足以适应社会经济发展速度；法人治理视角上，我国高职院校治理的法人制度不健全，组织机构较为臃肿，学术权力与行政权力相矛盾。

### （五）高职院校治理能力现代化

高职院校治理能力现代化是实现国家治理能力现代化的重要举措，是实现职业院校提质培优和增值赋能的内在需求，包括治理体制现代化、治理体系现代化、治理政策现代化、治理评价现代化等方面。学者们对高职院校治理能力现代化的内涵开展了系列研究。肖凤祥等认为高职院校治理能力现代化指高职教育高水平发展的能力及高职教育内部协调多元利益主体关系的能力[②]。雷世平等提出高职院校治理能力是高职院校协调多元利

---

[①] 周建松，陈正江. 高职院校治理体系现代化：理论意涵与实现机制[J]. 现代教育管理，2016（7）：6-12.

[②] 肖凤翔，肖艳婷. 高职院校治理之维：研究综述及展望[J]. 职教论坛，2018（5）：13-18.

益主体关系及实现高职教育事业发展进步的能力，高职院校治理能力现代化指高职院校为了适应现代社会发展要求，推进高职院校多元治理能力保持协调与进步，提升治理实效的动态过程，包括多元化的治理主体、民主化的治理方式、体系化的治理制度、协同化的治理环境及统筹化的治理手段等方面[①]。张衡宇等指出应通过优化学校内部治理体系、协调政校行企相关利益、推进基层民主管理、强化学术权力治学功能等手段，补齐短板，破解瓶颈制约，推进高职院校治理能力现代化建设[②]。张良认为应辨析治理与管理的差别，从高职院校治理能力现代化的内涵与特征出发，更新理念、健全制度、提升素质、创新手段，全面推进高职院校治理能力现代化[③]。

高等职业教育治理体系现代化是职业教育治理现代化的重要组成部分之一，是我国职业教育发展的迫切要求，也是实现高等职业教育能力现代化的基础。要推进高等职业教育治理体系现代化，必须立足中国特色社会主义政治制度，充分考虑我国高等职业教育发展国情，厘清高等职业教育治理体系现代化的内涵，依据现代治理理念和高职教育发展规划，针对高等职业教育中存在的突出问题，从理念、模式、主体、制度、组织、机制等方面探寻推进高等职业教育治理体系现代化的实现路径。

## 二、数据治理研究综述

数据既是数字政府的业务要素和数字国家的竞争力要素，也是数字经济的生产要素和数字社会的基础设施要素。当下，数据治理是全球数字治

---

① 雷世平，姜群英. 高职院校治理能力现代化的内涵及其衡量标准[J]. 职教论坛，2015（31）：41-45.

② 张衡宇，王元. 高职院校内部治理体系现代化建设研究[J]. 教育与职业，2021（23）：43-47.

③ 张良. 高职院校治理能力现代化的理论意蕴与实现路径[J]. 职业技术教育，2020，41（27）：40-43.

理领域的热点话题。开展数据治理，可以释放数据新动能，提高数字产业集群的国际竞争力，提升国家数字治理能力现代化水平。2020年10月29日，中国共产党第十九届中央委员会第五次全体会议通过的《中共中央关于制定国民经济和社会发展第十四个五年规划和二〇三五年远景目标的建议》强调，应加强数字政府、数字经济、数字社会建设，推动数据资源开发利用，提升公共服务、社会治理的数字化智能化水平。2021年9月1日起正式实施的《数据安全法》和2017年6月1日起施行的《网络安全法》共同构建了《国家安全法》框架下的数据治理体系，进一步完善了我国数据治理体系，推进了我国数据治理体系的应用，意义重大。

### （一）数据治理的概念界定

三大国际标准组织的在线术语标准库对数据治理给出了4种不同定义，这4种定义涉及了大数据参考框架、数据质量及健康信息等不同领域，并在不同程度上被欧盟、美国、英国、丹麦、澳大利亚及加拿大引用，具有一定的权威性。其中，第一种定义来源于《健康信息学医药产品鉴定维护标识符和术语的核心原则》（ISO/TR 14872：2019，3.2），将数据治理定义为"以数据质量、可用性、一致性、可及性及安全性为核心的数据管理过程，该过程与数据所有权和数据管理责任相关"，此定义下的数据治理可以保证数据具有安全性、可用性、一致性与可及性[①]；第二种定义来源于《信息技术大数据参考架构第三部分：参考架构》（ISO/IEC 20547-3：2020，3.7），从数据资产管理角度出发将数据治理定义为"以设计、实施、监控数据资产管理为目标，协调实施一系列活动的能力"[②]；第三种定义来源于《数据质量第二部分：词汇表》（ISO 8000-2：2020，3.16.1），将数据治理定义为"以责任、战略、绩效、接受、行为及协同为原则，开展

---

① ISO. Health informatics-identification of medicinal products — core principles for maintenance of identifiers and terms：ISO/TR 14872：2019［S］. Geneva：ISO Copyright Office，2019.

② ISO，IEC. Information technology-big data reference architecture-part 3：reference architecture：ISO/IEC 20547-3：2020［S］. Geneva：ISO Copyright Office，2020.

数据管理政策的制定与执行"[①]；第四种定义来源于《技术规范 D2.1 物联网和智慧城市及社区数据处理和管理框架》（ITU-T FG-DPMD2.1, 3.1.7），将数据治理定义为"设计、实施和监控一项数据资产管理计划的所有活动过程"[②]。综合国际上这4种数据治理的定义可以得知，数据治理是对数据管理活动所开展的评价、指导和监控等一系列活动，包括政策的制定与实施、明确数据管理责任、确立数据所有权等。

  国内不少学者从各个角度对数据治理开展了研究。鲍静等在对相关部门数据资源管理开展现状调研的基础上，从治理体系和治理能力现代化的视角出发，就我国政府部门的数据协同、数据汇集、数据治理形态、承载平台、数据利用和外部流动等基础问题进行了研究，为推进我国政府部门数据治理体系建设提供了基础性的研究思路[③]。许晓东等借鉴美国教育数据模型及教育数据标准应用支持工具，提出了我国高等教育数据治理的对策建议[④]。周汉华从安全的角度开展数据治理研究，认为如果法律规则只是简单施加各种禁止性或者强制性规定，势必会因为激励不相容而影响有效实施，并探索了激励相容的个人数据治理之道：一是应以培育信息控制者内部治理机制为目标，以构筑有效的外部执法威慑为保障，促使信息控制者积极履行法律责任，并对违法行为予以制裁；二是个人信息保护法应确认信息主体在公法上的个人信息控制权，不能也不应该回避基本权利话语；三是个人信息保护法的实施，需要先从信息安全风险管理角度切入，

---

① ISO. Data quality-part 2: vocabulary: ISO 8000-2: 2020 [S]. Geneva: ISO Copyright Office, 2020.

② ITU-T. Technical specification D2.1 data processing and management framework for IoT and smart cities and communities: ITU-T FG-DPM technical specification D2.1: 2019 [S]. Geneva: Telecommunication Standardization Sector of ITU, 2019.

③ 鲍静, 张勇进. 政府部门数据治理：一个亟需回应的基本问题 [J]. 中国行政管理, 2017（4）: 28-34.

④ 许晓东, 彭娴, 周可. 美国通用教育数据标准对我国高等教育数据治理的启示 [J]. 高等工程教育研究, 2019（1）: 103-108.

由易到难，循序渐进，推动激励相容机制实现[①]。王晓东等认为由于"一带一路"沿岸各国投资主体在经贸往来和金融合作中信用信息的不对称，金融机构之间缺乏信用数据的了解，限制了融资、贸易等相关活动的进一步发展，提出应通过加强跨境征信合作促进征信数据的流动和共享[②]。茶洪旺等对美国及欧盟的跨境数据流通政策进行了对比分析和反思，认为我国应加强数据分级分类管理，确保国家数据安全，加强政策研究，参与国际规则制定，重视安全评估，加强监管执法力度，同时需要降低数据本地化存储要求，促进数据产业发展[③]。

### （二）数据治理的体系研究

数据治理的体系研究主要包括数据治理的框架研究与数据治理的成熟度模型研究。

第一，数据治理的框架研究。国外研究中，Wende 构建了定义各个决策领域和相应角色划分的框架模型，该框架模型可以帮助组织构建数据质量职责，但还缺少不同组织情景下的使用验证[④]；Khatri 等提出了由数据准则、元数据、数据访问、数据质量及数据生命周期构成的决策域模型[⑤]；

---

[①] 周汉华. 探索激励相容的个人数据治理之道——中国个人信息保护法的立法方向[J]. 法学研究，2018，40（2）：3-23.

[②] 王晓东，王伟康，周圣. "一带一路"跨境征信合作研究——以数据流通为视角[J]. 法制与社会，2016（22）：89-90.

[③] 茶洪旺，付伟，郑婷婷. 数据跨境流动政策的国际比较与反思[J]. 电子政务，2019（5）：123-129.

[④] Wende K. A model for data governance-organizing accountabilities for data quality managemnet[J]. 18th Austrlasian Conference on Information Systems，2007（12）：417-425.

[⑤] Khatri V，Brown C V. Designing data governance[J]. Communications of the ACM，2010，53（1）：148-152.

Martijn 构建了由技术架构、过程架构和商业架构组成的驱动力模型[①]；Seiner 提出了一个包含五层框架的模型，该模型包含了战略层、战术层、执行层、操作层和支持层，并在此基础上进一步阐述了五个层次所对应的角色、过程、交流和工具[②]。国内研究中，包冬梅等设计了专门针对高校图书馆的数据治理框架 CALib[③]；许晓东等提出了针对高等教育数据治理的分析框架[④]。

第二，数据治理的成熟度模型研究。MDM 提出了一种面向架构的由计划、设计、实施等组成的服务 SOA（Service-Oriented Architecture），该服务所提出的成熟度模型也是按照演化路径进行了划分[⑤]。包冬梅等在其专门针对高校图书馆的数据治理框架 CALib 中探讨了开展数据治理成熟度评估的必要性，但并未建立具体的成熟度模型[⑥]。

从以上研究中可以看出，数据治理的体系研究中，国外研究相比国内研究更为丰富，特别是在数据治理成熟度模型设计方面，国内研究尚未成熟。

---

[①] Martijn N, Hulstijn J, Bruijne M, et al. Determining the effects of data governance on the performance and compliance of enterprises in the logistics and retail sector [C] // Conference on e-Business, e-Services and e-Society. Springer, Cham, 2015: 454-466.

[②] Seiner R S. Noninvasive framework for data governance implementation: Details, Part 2 [EB/OL]. [2016-01-24]. http://tdan.com/noninvasive-framework-for-data-governance-implementation--details-part-2/20130.

[③] 包冬梅, 范颖捷, 李鸣. 高校图书馆数据治理及其框架 [J]. 图书情报工作, 2015, 59 (18): 134-141.

[④] 许晓东, 彭娴, 周可. 美国通用教育数据标准对我国高等教育数据治理的启示 [J]. 高等工程教育研究, 2019 (1): 103-108.

[⑤] The CDI Institute. Corporate data governance best practices, scorecards for data governance in the global 5000 [EB/OL]. [2006-04]. http://www.The CDIInstitute.com.

[⑥] 包冬梅, 范颖捷, 李鸣. 高校图书馆数据治理及其框架 [J]. 图书情报工作, 2015, 59 (18): 134-141.

### （三）数据治理的内容研究

数据治理的内容研究主要围绕数据治理的政策和标准、数据质量、数据隐私和安全等方面展开。

第一，数据治理的政策和标准研究。美国有关数据或信息技术的法规较多，譬如美国爱国者法案、COBIT（Control Objectives for Information and Related Technology）、美国健康保险流通等，这些法规都要求提供真实、精确的财务报告。我国也已开始在各个领域制定数据标准，这对各行各业都具有重大意义，例如在科研数据管理服务中，科研数据标准建设可以有效提高科学数据的规范程度。

第二，数据质量研究。国外早已围绕数据技术层面开展了很多探讨，这些探讨大多从继承产品质量框架下的管理视角展开。例如 Friedman[①] 和 Eppler 等[②] 提出数据质量是数据治理的关键因素，能对业务过程和数据报告产生重要影响；Haider 认为从短期来看，数据治理可以提高数据质量，从长期来看，数据治理可以持续完善和优化数据质量[③]。国内研究主要聚焦于数据质量技术的提高和评估，其中，数据质量技术提高的关键是模式和实例，数据质量评估的关键是如何具体地评估各指标维度。

第三，数据的隐私和安全。国外研究中，Bhansali 认为通过数据治理，可以实现对数据的持续监控和评价，从而降低数据风险[④]；Trope 等认为数

---

① Friedman T. Key issues for data management and integration[J]. Gartner Research, 2006(3): 2-6.

② Eppler M J, Helfert M. A classification and analysis of data quality [C] // International Conference on Information Quality. Cambridge: MIT, 2004: 311-325.

③ Haider A. Asset lifecycle data governance framework [C] // Proceedings of the 7th World Congress on Engineering Asset Management (WCEAM 2012), Springer, Cham, 2015: 287-296.

④ Bhansali N. Data governance: Creating value from information assets [M]. Boca Raton: CRC Press, 2013: 28-122.

据隐私和数据安全事关信息质量，应提高数据安全策略的标准[①]。国内研究中，刘子龙等从理论基础、研究层次、研究方法、技术背景和研究主题等方面，对国外信息系统领域信息隐私的研究进行了分析和归纳[②]；陈火全分析了大数据时代的隐私危机，认为数据治理的网络安全策略需要建立网络安全性的信誉机制和社会信誉机制，并在研究基于信誉机制的 P2P 网络安全策略的基础上，提出了大数据背景下数据治理的网络安全策略[③]。

## 第二节 职业教育发展现状及数据治理现状

### 一、职业教育发展现状

在教育范畴中，职业教育与高等教育是两种不同类型的教育，而非两种不同层次的教育。职业教育是社会发展和社会分工的产物，相对于高等教育，职业教育面向的是技能操作和技术岗位，具有较强的针对性、实用性、灵活性与实践性。职业教育是我国普通基础教育的重要补充，可以提升我国人民群众的平均技能水平，扩大人民群众的受教育渠道，促进个人职业发展，提高全社会生产力。实现职业教育现代化意义重大，关系到我国教育深化改革的成效。

#### （一）国外职业教育发展历程

从全球教育发展过程来看，职业教育的快速发展始于 1960 年左右，这一阶段的职业教育开始显现出鲜明的办学特色，慢慢赢得了社会的广泛

---

① Trope R L, Power E M. Lessons in data governance: A survey of legal developments in data management, privacy and security [J]. Business Lawyer, 2005, 61 (1): 471-516.

② 刘子龙, 黄京华. 信息隐私研究与发展综述 [J]. 情报科学, 2012, 30 (8): 1258-1262.

③ 陈火全. 大数据背景下数据治理的网络安全策略 [J]. 宏观经济研究, 2015 (8): 76-84, 142.

认可，并逐渐成为各国高等教育结构中不可缺少的组成部分之一。在这之后，得益于快速发展的工业化进程，西方国家急需大批技术应用型人才，西方国家的职业教育飞速发展，并逐步形成了比较典型的四大模式，即北美的 CBE 模式、德国的双元制模式、澳大利亚的 TAFE 模式、英国的 BTEC 模式。

1. 北美的 CBE 模式

1960 年开始，美国社区学院将职业技术教育与培训作为主要办学方向，由此得到了快速发展，并成为 1960—1970 年间美国高等教育人数增加的主要渠道。1980 年后，出于产业结构调整等方面的需要，美国政府开始加大职业教育改革力度，着重发展高中后的职业教育，并推出了"2+2"模式，即把高中段 2 年的职业教育作为高中后职业教育的准备阶段。鉴于社区学院的办学方向与办学特点，美国把社区学院作为实施"2+2"模式的主要载体。经过多年发展，美国社区学院已发展成为以职业教育和培训为主，兼顾继续教育、成人教育等多种职能的文化与教育中心，并逐渐成为美国高等教育"金字塔"的基础。

美国职业教育的培养模式主要是 CBE（competency based education）模式，即"以能力为基础的教育"，该模式培育的人才属于"宽专多能型"。CBE 模式中，首先需要组成专业委员会，并由专业委员会确定某专业所应具备的知识和能力，然后由学校据此制定教学模块、教学大纲和教学内容。CBE 模式将原有的以传统的公共课、基础课为主导的教学模式转为以岗位群所需职业能力的培养为核心的教学模式，已被广泛应用于美国、加拿大等国的职业教育中。

2. 德国的双元制模式

1960 年左右，为了满足经济起飞对高职人才的大量需求，德国联邦政府设立了一种与传统大学并行的新型高等教育机构——高等专科学校。大部分德国高等专科学校由原德国工程师学校及其他中等职业学校升格、改制而成，因而具有重视实践教学、以培养各类技术型人才为目标等职业教育特色。德国通过《联邦职业教育法》《企业基本法》等相关法律规范和约束职业教育，发挥了职业教育的作用，巩固了职业教育在德国国家教育系统中的地位。

"双元制"以就业为导向，以职业学校和企业为并列培训主体，是德国职业教育成功的关键。在德国的教育体系中，普通教育和职业教育相互独立、并行，超过75%的初中生毕业后直接进入职业学校或企业接受"双元制"教育培训。一般来说，学员每周在职业学校开展1~2天的理论学习，在企业里开展3~4天的实践学习。以融合职业院校学习与企业实践为主要目标的"双元制"已被广泛应用于德国，且取得了较好的效果。

3. 澳大利亚的TAFE模式

AQF（The Australian Qualifications Framework）是澳大利亚的全国性的学历框架体系，该体系涵盖了基础教育、职业教育、高等教育等各个层次的学历教育，学生通过AQF可以从一个学历资格进入下一个学历资格，也可以从一所学校转到另一所学校。

TAFE（Technical and Further Education）学院是澳大利亚的职业教育培训体系，也是全球最成功的特色鲜明的教育体系之一。TAFE学院是AQF的重要组成部分，其课程和学历在澳大利亚具有很高的认可度。TAFE学院以"满足学习者的学习需求和企业界用人标准的需求同样重要"为培养理念，培养的学生"毕业即就业"。TAFE学院与各个行业共同开发课程，课程内容与行业需求紧密相连。TAFE学院有与产业界联系的专门渠道，能迅速把新需求反映到课程中，且所有课程会及时、定期更新，目的就是为了培养出社会各个行业真正需要的人才。

4. 英国的BTEC模式

BTEC是Business and Technology Education Council的简称，即英国商业与技术教育委员会。BTEC成立于1986年，由BEC（商业教育委员会）和TEC（工艺技术教育委员会）合并而成，是经英国资格与课程委员会批准成立的机构，有权颁发职业资格证书，主要负责课程开发与职业资格的鉴定、开发、发证等，专注于人才培训和职业教育，特别是专业能力和通用能力的培养。BTEC开发的课程称为BTEC课程，采用的教学模式称为

BTEC 模式。

BTEC 课程涵盖了商科、应用科学、艺术与设计、计算机与信息技术、工程类、建筑类、传媒类、公共服务、旅游、体育等 16 个行业。BTEC 课程综合考虑通用能力、专业技能、人文素养、人际沟通、就业等方面，明确规定课程的专业能力、教学目标及教学时间，严格区分学生自学时间和教师教课时间，其中学生进行活动、调研、设计和实践等的时间大概占据总时间的 2/3，教师课堂讲解时间大概占 1/3，以充分调动学生的自主学习能动性。BTEC 课程的考核使用的是内审和外审相结合的制度，对学生的考核主要以课业考核为主。BTEC 的标准课程在世界各国均适用，学生完成 BTEC 课程后，能获得具有国际水准的且在英国普遍承认的国家高等教育文凭。

BTEC 证书是国际公认的应用技术和职业技能资格证书，种类多达 2000 种，可大致分为 3 个等级：①BTEC Firsts，即入门级到 2 级证书（Entry level to Level 2），等同于初中（英国 GCSE），对象为 13 ~ 15 岁学生；②BTEC Nationals，即 3 级证书（Level 3），等同于高中（英国 A-level），对象为 16 ~ 17 岁学生；③BTEC Apprenticeships，即 4 级到 5 级证书（Level 4-level 5）。BTEC 证书和就业高度相关，完成对应的课程后，可以直接就业，也可以继续就读英国大学本科学位。

### （二）我国职业教育发展历程与现状

迄今为止，我国职业教育发展大体经历了三个阶段：第一阶段是从 1949 年新中国成立到 1991 年的奠基式发展阶段，这是我国职业教育的 1.0 时代；第二阶段是从 1992 年我国确定了建立社会主义市场经济体制的改革目标后到 2013 年，这是我国职业教育规模化发展的 2.0 时代；第三阶段是 2014 年国务院印发《关于加快发展现代职业教育的决定》至今，这是我国职业教育进入内涵式发展的 3.0 阶段，标志着我国职业教育从规模发展走向重质量发展。

2000 年前，我国现代职业教育共经历了三次重要会议：1986 年的全国职业技术教育工作会议、1991年的全国职教会议及1996年的全国职教会议,这三次会议明确提出了健全职业教育体系、加强职业教育内部建设、提高职业教育办学效益、提升职业教育质量的目标与要求,极大推动了我国职业教育在"量"上的发展与积累。2000年后,我国职业教育从重"量"转向重"质",开启了现代化职业教育发展新征程。70年来,我国职业教育创造了伟大成绩,建成了世界最大规模的职业教育,形成了世界区域面积最大的职业院校布局,培养了世界上最大规模的职业教师队伍,提供了数以千万计的专业技术技能人才,为我国经济转型和产业升级提供了人才支撑。

当前,我国职业教育规模持续扩大,招生人数稳步增长,专任教师队伍不断壮大,高等职业教育招生人数占高校招生人数一半以上,教育财政投入力度加大,教育规模效益明显提高,但仍存在着人才培养模式不适应经济发展、管理体制不完善、教育质量有待提高、各等级职业教育间的沟通衔接不够、师资力量有待进一步加强、经费不足等问题。未来,在促进我国职业教育高质量发展之路上,需要建立具有中国特色现代职业教育理论、制度、体制、机制、模式等体系,坚定职业教育文化自信,完善职业技术教育、高等教育、继续教育统筹协调发展机制,系统培养技术技能人才,构建服务全民终身学习的职业教育体系,以及大力开展职业教育治理体系和治理能力现代化的研究。

## 二、数据治理现状

### (一)全球数据治理态势

治理理念方面,全球数据治理主要聚焦于以下三个方面的议题:一是以中国为代表的"国家主权和数据安全",二是以欧盟为代表的"个人权利保护",三是以美国为代表的"商业与消费者保护"。

治理内容方面,当前全球数据治理的热点议题主要是个人数据保护、数据跨境流动及数据本地化。

治理的规则主张方面，以中国、美国、欧盟为典型代表的三种数据治理理念下，分别形成了不同的规则主张，其中最有代表性的是欧盟推出的掀起个人数据保护热潮的《通用数据保护条例》（GDPR）。

### （二）开展数据治理的现实动因

当前，无论是从政策举措、生产要素，还是外部威胁来看，面向全球开展数据治理研究，都势在必行。

1.政策举措方面，数据保护主义日益盛行

数字贸易快速发展，对世界经济的贡献日益显著，但随之而来的隐私和个人数据安全、限制跨境数据流动等敏感问题引起了国际社会的广泛关注。一些国家通过立法设定与数字贸易相关的一系列壁垒，产生了以这些壁垒为主要特征的数字保护主义。目前，很多国家建立了数据跨境流动壁垒，至少已有100个国家出台了跨境数据流通政策法规，例如APEC的跨境隐私规则、欧美隐私盾及技术保护要求等，这些监管规则推动数据保护主义日趋浮现，对数字贸易发展构成严重威胁。数字保护主义在当前国际贸易中备受关注，应对全球数字保护主义蔓延，唯有开展全球数据治理，制定数字贸易规则和数据跨境共享规则，推进世贸组织建立数字贸易国际规则进程，才能在国际合作中实现共治共赢。

从全球范围看，数据对全球生产、流通、分配、消费活动以及经济运行机制、社会生活方式和国家治理能力产生了重要影响，数据流动已对全球经济增长产生了巨大贡献。出于担心接收国家或企业降低个人数据保护标准的原因，欧盟对数据出境进行严格限制，采用的是优先保护个人信息安全的国际制度协同框架。新兴经济体的数据战略更多地强调数据本地化存储，主要以防守型为主。

数据本地化指国家出于各种目的而采取的控制数据的措施，既有利于保护本国数据，还可以更好地保障司法取证和政府执法权。但是，从长远发展来看，在维护好国家安全、企业商业机密和个人隐私的前提下，允许数据依法、合规、有序跨境流动是未来全球发展趋势。第一，数据跨境流动可以促进新型信息技术创新。作为第四次工业革命标志性技术的大数据、物联网(IOT)、人工智能(AI)、云计算、区块链等技术以数据为核心,以算力为支撑,以分布式为特征,以算法为引擎,不受地理区域的限制。如果过于强调数据本地化,缺乏数据自由流动,将抑制数字经济的创新与发展,不利于全球经济发展。第二,数据跨境流动是经济全球化的必然要求。网络信息跨国界流动,信息流引领技术流、资金流、人才流,信息资源日益成为重要生产要素和社会财富,信息掌握的多寡成为国家软实力和竞争力的重要标志①。若数据无法自由跨境流动,全球服务外包、全球供应链、跨境电商、跨国公司等商业活动可能无法维持发展。第三,数据跨境流动可以加快人类命运共同体的构建进程。公共卫生危机是人类面临的共同挑战,团结合作是最有力武器,全球各国应共享科研数据和信息,加强在疫情防控、患者救治、疫苗研发、药物研制等领域合作。

另一方面,允许数据跨境流动应是允许数据有序流动,并高度关注数据跨境流动中可能存在的各种风险。第一,国家基础数据安全风险。一旦泄露了关系到国家安全、国民经济命脉、重要民生、重大公共利益等相关数据,将会带来严重的不可控风险。第二,数据安全风险。当前,一些国家的数据基础设施频受攻击,新型网络威胁层出不穷,数据丢失及泄露风险加大。如果数据被监听、泄露、盗取,将会危害到数据主体的权利与利益,甚至威胁到国家的数字产业竞争力。第三,数据隐私风险。数据跨境流动在给人们带来更好的工作生活体验的同时,也会带来个人隐私泄露风险,一旦个人数据被恶意利用和买卖,将会给个人用户的隐私和财产安全带来极大的隐患。

综上所述,我们应该通过开展数据治理研究,在数据跨境流动与风险防控之间寻找一个平衡点。

2.生产要素方面,数据全球流动日渐勃兴

尽管2008年以来跨境资本流动大幅下滑,但是全球化并未停滞,相反,

---

① 习近平.《习近平谈治国理政》第一卷[M].北京:外文出版社,2018.

信息全球化正在进入飙升阶段，全球数据和信息流动进入了一个崭新的阶段。虽然数据本地化政策给数据跨境流动带来了一定的限制，但是因为现有的数据跨境限制措施不能阻止所有类型的数据，并且数据全球化带动经济全球化已成为大势所趋，所以绝大多数的数据仍在全球互联网上不受限制流通。麦肯锡全球研究院（MGI）的报告《数字全球化：新时代全球性流动》（Digital globalization: The new era of global flows）指出：2005—2014年间，全球数据流动的增长速度为339.58%，而全球资本、商品、服务等要素流动则增长缓慢。可见，数据流动发挥着巨大作用，推动着全球经济发展，支撑了包括资本、商品、服务及人才等其他几乎所有类型的全球化活动，对全球经济增长的贡献已远超传统的跨国贸易和投资。

3. 外部威胁方面，数据安全形势日益严峻

数据全球化流动加深了许多国家对数据安全的担忧，全球数据安全形势日益严峻。特别是美国"棱镜门"等重大数据安全事件，充分暴露了美国政府通过其网络霸主地位对网络空间大数据的安全危害及对网络空间大数据主权的严重侵犯，同时也警醒了各国政府保护网络空间和国家大数据主权的安全保护意识。数据是技术的产物，掌握了技术就相当于掌握了数据，而数据的关键核心技术掌控在少数公司或政府手中，这直接导致国家数据主权和数据安全受到严重的威胁。愈发严重的国家数据主权和数据安全威胁，倒逼全球数据治理加速，推进各国应对挑战，捍卫数据主权，提高对核心数据的控制能力，减少全球数据资源开发的失衡与失控，实现全球数据的自由流通与跨境管控之间的平衡。

### （三）开展数据治理的重大机遇

数字经济时代，数据是"新时代的石油"，是基础性生产要素，是一种重要的生产力，更是一国重要的战略性资产，以及构筑一国核心竞争优势的关键，可以助推数字经济高质量建设，其价值不可估量。开展数据治理，关注数据质量，保障数据稳定性与准确性，破解数据跨境流通限制，实现数据资产价值获取、业务模式创新和经营风险控制，能为国家、企业及个

人带来巨大利益。

1. 国家层面上，数据治理可以提升区域数字经济实力

大数据、云计算、人工智能等新兴技术及信息基础设施的大规模普及，正在大力助推数字贸易的发展。数字贸易具有贸易成本较低、中间环节较少等特点，已逐渐成为贸易的主要形式，并为数字经济发展提供了强劲支撑，对于提升区域数字经济实力具有重要意义。

跨境数据流动的作用不容小觑，跨境数据流通能力在很大程度上影响了一个国家或地区的数字经济全球化实力。数据的跨境流动不仅能提高生产率，能让市场的运行方式更加有效，还能让全球的互联网用户接触和利用最新研究成果和技术，激发更多创意，从而催生新企业。跨境数据流动还能降低交易成本，提升组织效率，促使国际贸易发生改变，例如企业利用互联网（各种数字平台）出口货物；服务类商品可以在线上购买和使用；数据搜集和分析还可以为出口商品添加额外的服务从而提高附加值。全球性的数据流动在巩固全球价值链的同时，也为后来者进入市场提供机会。对于中小企业来说，互联网和全球数据流动亦为它们参与国际贸易提供了机会，借助于 eBay、阿里巴巴等数字平台，中小企业能够接触到全球消费者。以东亚地区为例，中小企业不仅主导了 60%～99% 的商业活动，还承担了 50%～98% 的就业，并贡献了 35%～70% 的 GDP。

数据作为一种新的生产要素，可以降低交易成本，缩短交易时间，打破贸易壁垒，最终提高全社会资源配置效率。开展全球数据治理，建立全球数据跨境流通规则，破除数据跨境壁垒，可以为数字贸易发展保驾护航。

2. 企业层面上，数据治理可以加快跨国公司业务的拓展

当前，大部分跨国企业的商业模式和运营模式均依赖于数据跨境流动，跨境数据流通已成为跨国企业在全球化经营发展中的刚需，并能为跨国企业在全球范围内带来高收益。麦肯锡研究结果显示，超过六成的美国和欧洲企业都离不开通过数据分析手段开展业务。同时，跨境数据流通可以降低企业运营成本，例如作为全球铜矿龙头企业的力拓集团需要收集、汇总、分析全球 40 多个国家的矿山数据，数据本地化政策增加了力拓集团的运

营成本,而跨境数据流通却能在很大程度上降低力拓集团的运营成本。对于互联网公司而言,数据跨境流通可以助力互联网企业开发全球业务。艾瑞咨询发布的《2021年中国新跨境出口B2B电商行业研究报告》指出:①跨境电商已成为外贸强劲增长点;②2020年我国跨境出口B2B电商市场规模超过3万亿元,我国已成为跨境电商主体,且未来B2B的主体地位将不断强化,预计2020—2025年复合增速将超过280%。

  3.个人层面上,数据治理可以拓宽个人社会活动边界

当前,随着社交网络和电商的快速发展,个人在全球网络空间的触达范围越来越广,个人数据跨境转移也日趋普遍。2020年全球B2C跨境电商交易额达9940亿美元,同比增长20.3%,2020年我国跨境出口电商交易规模约为9.7万亿元,同比增长20.79%,预计未来全球及我国跨境出口电商交易规模将持续增长。个人数据在不同国家之间流通时,因各国数据保护水平不同,势必带来数据泄露等风险。开展数据治理,推动数据有序跨境流通,可以提高个人数据保护水平。例如,基于云服务的跨境数据流通中,用户可以根据服务内容、服务成本及服务质量灵活选择云服务商,从而弱化存储位置对个人的影响,更好地保障用户的数字权利。个人跨境数据流通为消费者提供了更多选择,消费者可以通过全球互联网选择更适合自己、更优质、更实惠的服务。此外,相似的数据流通环境可以汇聚全球顶尖人才,推动数据技术进步。

### (四)开展数据治理的巨大挑战

2021年9月29日,联合国贸易和发展会议发布了《2021年数字经济报告》,倡导创建新的全球数据治理方针与架构,促进数据尽可能自由地跨境流动。当前碎片化的数据治理格局可能使各国无法充分获取数字技术带来的价值,还可能导致隐私泄露、网络攻击等重大风险。因此,全球亟须开展数据治理的创新实践,发展全球性数字公共品,建立全球数据治理规则体系,界定利益相关方在数据流转中的权利和义务,平衡不同角色的利益分配,增强互信并减少数字经济中的不确定性,这些都使得全球数据

治理因其复杂而显得艰难。

1. 技术是制定全球数据治理政策的首要因素

技术协议及其标准是全球数据治理系统中的重要组成部分，包括了对互联网技术可行性、互联网技术影响力及不同国家间互操作性的考量。

第一，互联网技术在可行性方面的考量。以俄罗斯政府为例，由于互联网技术限制导致其无法有效阻止应用程序 Telegram 在俄罗斯境内的消息传播。

第二，互联网技术在影响力方面的考量。使用不同的互联网技术会影响数据治理政策或相关法律法规的实施，如果规定数据只能通过互联网方式进行流通，那么互联网技术的影响力将会对数据治理政策有着至关重要的作用。譬如，巴西政府要求本国公民只能使用本国电子邮箱服务系统，但由于巴西的电子邮箱不具有上传附件等基本功能，给巴西人民的工作和生活均造成了一定的困扰，因此这项政策最终并未得到彻底实施。

第三，不同国家间互操作性方面的考量。全球各国的互联网系统和数据治理机制应具有一定的互操作性，这样可以在一定程度上避免或降低由于数据流通中断、网速不稳定等原因给政府或企业制定的数据治理政策及相关法律法规所带来的影响。但是，当前全球各国间仍未形成具有一定互操作性的互联网系统和数据治理机制，严峻的全球网络安全形势及复杂的跨境数据流通问题给世界贸易组织带来了一系列挑战，例如数据本地化政策是否违背了世界贸易组织义务，世界贸易组织规则是否适用于数字贸易等。

2. 不同国家的数据治理杠杆差异非常大

全球各国的数据治理杠杆差异主要来自两个方面：一是各国对数据治理杠杆的概念界定的差异，二是各国对数据治理杠杆在实践上的差异。

第一，全球各国对数据治理杠杆的概念界定的差异。欧洲的数据保护更倾向于指向"保护隐私"，凸显个人数据主权；中国、印度、新加坡及越南等国的数据保护更倾向于指向"保护数据不受侵害"。就目前情形来看，数据管理体制中最重要的是研究数据网络安全和数据隐私间的关系。

第二，全球各国对数据治理杠杆在实践上的差异。譬如怎样概念化数据治理？怎样实现国家安全与网络安全？政府怎样平衡个人控制其数据的权利与私营部门参与者获利的愿望？不同的数据治理杠杆会对数据带来不同的影响，也会对数据流通规则的国际衔接造成较大困扰。2018年5月25日，欧盟《一般数据保护条例》（GDPR）实施，"世界数据治理元年"正式开启，因该条例较为严格，无法与其他相对宽松的国家进行衔接，带来了一系列难以处理的问题，如某企业在某国家的数据法律框架下不存在问题，但在欧盟的《一般数据保护条例》等法律框架下就存在许多问题。

3. 各国数据治理制度规则不兼容

全球各国数据治理制度规则不兼容会给全球经济带来巨大代价，例如数据自由流通受阻、数据使用受限等问题导致企业成本的增加。全球各国数据治理制度规则不兼容主要会带来以下两个问题：一是数据分类的基准及责任主体不明确，二是缺乏数据流通的量化标准。

第一，数据分类的基准及责任主体不明确。不同的数据应该使用不同的数据处理方法，不同数据治理制度规则应该管理不同种类的数据，并处理好数据的责任主体问题，即"谁有权对数据进行处理"。

第二，缺乏数据流通的量化标准。当前，不同国家对数据资产价值的理解不同，国际上尚未对数据资产价值给出统一的概念界定，同时因数据资产不可触摸，不会被消耗，造成数据价值计量标准缺失，阻碍了数据的跨境流通。

4. 数据治理机制难以平衡国家、个人和企业的三方利益

已有的全球数据治理机制分别在国家、个人和企业这三个层面上取得了一定利益，但是这三个层面的利益平衡问题是当前的全球数据治理机制所面临的重大挑战。例如，我国的数据治理机制使得国家的安全凌驾于其他利益之上。

## 第三节 数据治理：高职院校治理方式的创新

教育治理是国家治理的重要组成部分。高职院校治理则是教育治理不可或缺的内容。高职院校必须不断创新治理手段，提升治理能力。这既是建设中国特色高水平高职学校的需要，也是推进我国教育现代化的需要。大数据时代的到来，带来了数据的广泛应用，数据治理正在成为组织治理的一种新的治理方式，这为高职院校治理带来了机遇与挑战。高职院校治理必须积极应对大数据时代的到来，创新治理方式，运用数据治理提升治理水平，推进治理能力现代化。

### 一、高职院校数据治理的概念界定及相关研究

#### （一）高职院校数据治理的概念界定

国际数据管理协会（DAMA）将数据治理定义为对数据行使计划、执行及监控等一系列活动的集合[1]。数据治理委员会（IBM DG Council）将数据治理定义为组织和管理信息并回答问题的能力，譬如从哪里获得数据，数据是否符合相关规则和政策，并认为数据治理能够提高决策者的决策信心和运营能力[2]。

高职院校数据治理是将高职院校治理和数据治理这两个概念组合起来而形成的合成概念。概念合成理论认为每个合成概念都由两个及以上输入空间、一个类属空间和一个合成空间组成，所有输入空间的共有信息和结构被投射到类属空间中，同时所有输入空间通过跨空间的部分匹配和映射有选择性地投射到合成空间中，四个空间之间通过投射互相连接起来，构

---

[1] DAMA International. The DAMA Guide to the Data Management Body of Knowledge [M]. New York: Technics Publications, 2009: 37.

[2] 孙嘉睿. 国内数据治理研究进展：体系、保障与实践 [J]. 图书馆学研究, 2018（16）: 2-8.

成一个合成概念。按照概念合成理论的解释,需要通过减活旧联系、激活新联系,把高职院校治理与数据治理这两个概念创造性地连接起来,并通过重组和整合赋予高职院校数据治理这个概念新的内涵。具体来说,在输入空间里,高职院校治理这一输入空间是把高职院校作为治理对象,通过治理来促进高职院校的发展;数据治理这一输入空间是将数据作为治理对象,通过数据治理促进管理水平的提升与优化。在合成空间,数据是高职院校治理的工具和方法,也是高职院校治理的对象。所以,高职院校数据治理这一合成概念可以理解为把数据视作高职院校治理对象的同时,也将其看作一种工具,通过把更多的治理数据纳入高职院校治理过程内,从而实现高职院校治理能力的提升。

### (二)高职院校数据治理的相关研究

数据治理研究起源于企业,国内学者于2014年左右开始开展数据治理在教育领域的应用研究。当前国内关于教育数据治理的研究主要集中在两个方面,一是教育数据治理的重要性及面临的挑战研究。许晓东等认为数据治理可以提高大学的管理效率、教学质量和决策科学性,并将高等教育数据治理划分为数据的获取、抽取、整合、分析、解释和预测这几个阶段[1]。王英彦等分析了教育大数据在高职教育中的价值,并提出从教育大数据角度出发构建高职教学决策体制以提高高职院校的教学质量[2]。另外,一些学者探讨了教育数据治理面临着数据意识薄弱、制度不足、共享障碍、数据庞杂混乱、人才缺乏等挑战。二是教育数据治理体系和治理途径研究。有学者从数据的搜集、整理、分析、应用、推送、共享和反馈等方面探讨大数据与教育治理的契合之处,提出了树立大数据治理思维、建立治理评价指标、推进数据共享共生、保障数据信息安全等教育数据治理

---

[1] 许晓东,王锦华,卞良,等.高等教育的数据治理研究[J].高等工程教育研究,2015(5):25-30.

[2] 王英彦,杨刚,曾瑞.教育大数据背景下高职教学质量提升策略[J].中国职业技术教育,2020(14):61-66.

途径①。也有学者提出将区块链融入教育治理结构，从区块链赋能视角出发引入学校、教师、学习者、政府、企业等利益相关方参与教育治理，以期实现教育治理结构的创新②。

国外不同国家的职业教育治理模式的侧重点不同，可以分为以下三种模式：第一，偏重市场主导，推进市场竞争，从而获得优质教育效果；第二，偏重政府主导，重视教育公平；第三，偏重多方主体互联，鼓励社会性非营利组织参与教育治理，限制政府权力。在这三种模式中，偏重多方主体互联形式的教育治理强调多元治理主体的沟通交流，鼓励社会力量尽可能多地参与教育治理，并可以根据社会需求，及时调整课程体系和授课内容，该模式已在北欧一些国家的实践中取得了较为满意的效果。

目前关于高职院校数据治理的研究还很少，已有相关研究主要从大数据与职业教育治理相结合的角度开展讨论，如南旭光等认为职业教育治理必然将转向数据治理模式，并提出职业教育治理过程中要树立"循数而行"的治理理念，采取"依数而动"的治理模式③；张培认为大数据与职业教育治理相结合具有重大意义，并提出大数据驱动职业教育治理的学理逻辑表现为转变决策模式和治理思维、完善运行机制和管理体制、强化行为分析和事件预测等方面④。数据治理是一种治理方式的革新。面对大数据时代的到来，高职院校治理如何运用数据治理，创新治理方式，提升治理能力还有待深入研究。

---

① 申霞，夏豪杰. 大数据背景下教育治理运行机制现代化[J]. 教育研究与实验，2018（6）：17-22.

② 张双志，张龙鹏. 教育治理结构创新：区块链赋能视角[J]. 中国电化教育，2020（7）：64-72.

③ 南旭光，张培. 职业教育数据治理的基本逻辑与行动框架[J]. 教育与职业，2019（15）：25-31.

④ 张培. 大数据智能化驱动职业教育治理：学理逻辑、关键要素与路径设计[J]. 职业技术教育，2019，40（19）：31-37.

## 二、高职院校数据治理的必要性

教育治理关注政府、学校、社会、行业、企业等主体间权利、义务与利益的分配。开展教育治理有助于提升教育普及度，缓解教育不公平现状，加速教育创新，提高教育质量。职业教育治理是现代职业教育顺利发展的重要保障。高职院校治理成效直接影响着学校的发展水平和发展质量。提高高职院校治理能力是职业教育深化综合改革的重要内容，也是适应国家治理改革而进行的自我革新。数据治理是一种新型的治理方式。面对大数据时代的到来，无论是治理需求层面、技术发展层面，还是政策驱动层面，高职院校治理转向数据治理新方式都将成为一种必然。

### （一）治理需求层面

高职教育作为我国教育的重要组成部分，为社会提供了一大批高级技术人才。重视高职院校治理能力建设，有利于改善人才培养结构，促进高职教育和高等教育协同发展。当前，高职院校治理决策存在着欠缺科学性、实效性、精准性等问题[①]。数据治理作为一种新的治理工具，能有效地促进高职院校治理能力提升。

第一，数据治理可以提高高职院校治理决策的科学性和实效性。高职院校作为独立的法人实体，拥有较大的办学自主权，传统的信息传递途径不足以支持高职院校面对和处理各种压力、竞争和挑战。依靠大数据及时获得各类信息资料可以实时为高职院校的决策、战略规划和日常管理提供支撑，同时能为高职院校提供大量的其他院校成功的治理经验和模式，从而提高高职院校治理决策的科学性和实效性。

第二，数据治理可以提升高职院校治理执行的精准性和时效性。我国高职院校治理多属于经验性的，缺乏支持决策的数据，易导致决策质量不高甚至出现决策失误。有些学校在数据采集过程中，由于采集时间过长等

---

① 查吉德. 高职院校内部治理结构现状与改进策略［J］. 现代教育管理，2019（12）：93–99.

原因而不得不中止此项工作,学校负责人只能凭借有限的信息做出经验性决策;有些学校虽然成功采集了学生管理、教师发展及学校教育教学相关数据,但是由于缺乏高效利用数据和解释数据的方法,导致无法将数据转变为决策支撑。这些情况都说明高职院校要进行治理方式转型,将数据治理作为一种新的治理工具,以提升高职院校治理的精准性。

### (二) 技术发展层面

大数据时代已经到来,大数据对社会各领域的发展都产生了深刻影响,为各行各业注入了新鲜强劲的动力。同样,大数据时代新技术的不断更新和发展也为高职院校治理带来了新的机遇和挑战。

第一,数据技术发展为高职院校数据治理的实施提供了技术可能。大数据具有数据容量规模大、信息更新速度快、社会公开程度高等特点,大数据的高速发展为高职院校开展数据治理提供了全新的机遇。一是大数据将为高职院校治理提供先进的信息资料获取路径。在大数据时代,各类信息都将通过"互联网+"的形式进行传播和公开,高职院校能在大数据的海洋里尽收、筛选和传输各类信息,这将极大地提升高职院校治理的资源获取和信息传输能力。二是大数据将为高职院校治理提供高效的数据痕迹保留手段。在大数据时代,高职院校教育教学的所有活动痕迹都能以数据形式保存下来,所有治理主体的相关信息也会形成数据,这将提升高职院校治理的透明性和公开性。数据采集、清洗、保存、可视化等数据技术的日益成熟和发展使高职院校数据治理具有了先进的技术保障。

第二,数据技术发展对高职院校实施数据治理提出了客观要求。新技术的发展一方面为高职院校数据治理提供了技术基础,另一方面,也客观地要求高职院校必须适应大数据时代新技术发展的要求。在大数据时代,高职院校治理必须紧跟数据技术的发展,积极推进数据治理,将数据技术运用于高职院校教育教学的各个环节,充分发挥数据在高职院校治理中的作用,全面提升高职院校数据治理能力。否则,高职院校治理将落后时代发展,将受制于新技术带来的制约。

## （三）政策驱动层面

政策具有极高的权威性，能有效驱动社会组织顺应政策指向。高职院校作为一类重要的教育组织，理应顺应国家政策驱动。近年来，我国对推进治理能力现代化做出了战略部署，也对推进数据运用提供了政策指引，这些政策聚集于高职院校治理之上，共同驱动着高职院校治理转向数据治理新方式来更好地提升其治理能力。

第一，国家提升治理能力的政策驱动着高职院校实施数据治理。中共十八大通过的《关于全面深化改革若干重大问题的决定》提出要推进国家治理体系和治理能力现代化。教育治理是国家治理的重要组成部分，而在我国高等教育体系中，高等职业教育占据了半壁江山，高职院校必须顺应国家治理现代化改革的政策驱动，不断推进治理体系和治理能力现代化。2019年《国家职业教育改革实施方案》提出要建设中国特色的高水平高职院校，也要求高职院校不断提升治理能力。大数据时代的到来为高职院校实施数据治理提供了技术条件，数据治理也就顺理成章地成了高职院校治理的当然选择。

第二，国家推进数据运用的政策驱动着高职院校顺应数据技术发展。2015年，中共十八届五中全会首次提出"国家大数据战略"，随后，国务院于2015年印发了《促进大数据发展行动纲要》，工信部于2017年印发了《大数据产业发展规划（2016—2020年）》。大数据作为国家基础性战略资源，在带来技术和产业革命的同时，也必将带来教育治理的深刻变革。2017年国务院印发的《国家教育事业"十三五"规划》提出要加快教育大数据建设，形成教育数据资源共享机制和教育云服务体系。2020年中共中央、国务院发布的《关于构建更加完善的要素市场化配置体制机制的意见》提出了要构建和规范教育领域数据开发机制，明确了数据这一新型要素对教育发展的重要性。教育大数据建设能为教育治理体系和教育治理能力现代化提供重要数据基础和决策支撑，也是促进教育教学改革和提升教育治理水平的新途径。高职院校必须积极响应国家推进数据运用的政策，顺应数据技术发展，以数据治理创新高职院校治理方式，提升治理能力。

## 三、高职院校数据治理的内在机理与外在样式

相对于其他治理工具，高职院校数据治理有其独特的内在机理与外在样式。其中，内在机理是高职院校数据治理的理论核心和技术支撑，外在样式是高职院校数据治理必须遵循的基本范式。

### （一）高职院校数据治理的内在机理：数据—信息—策略转换模型

数据治理作为高职院校一种新型治理方式，其内在机理表现为数据—信息—策略转换模型。具体来说，高职院校数据治理的内在机理是将客观数据转换为信息，再将规律化和结构化的信息转换为治理决策。这种内在机理的运行可以分为以下三个阶段。

1. 内在机理运行的第一阶段：数据的感性认知阶段

在此阶段，治理主体可以通过客观数据获取感性认识。高职院校数据治理中的数据分为高职院校内部数据和高职院校外部数据。高职院校内部数据指高职院校高职教育领域内的数据，包括高职院校的学生数据、教师数据、科研数据、财政投入、硬件设施数据等[①]。高职院校外部数据指与高职院校相关的非高职教育领域的数据，主要包括国民生产总值、城镇就业率、产业结构等。无论是高职院校内部数据还是高职院校外部数据，都是对高职院校自身及与其相关领域的客观反映。这些数据可以有效帮助高职院校治理主体获取对高职院校发展的感性认知，但这并不意味着仅仅依靠这些数据就可以对高职院校实施数据治理。例如，为认真贯彻落实国务院2020年《政府工作报告》中高职扩招重要决策部署，部分省份已出台有关高职扩招文件，那么，落实到具体高职院校中，其到底应选择哪些专业进行扩招呢？以A高职院校为例，其治理主体可以获得该校及全国近几年各专

---

① 刘金松．数据治理：高等教育治理工具转型研究［J］．中国电化教育，2018（12）：39-45．

业的招生数据,但治理主体此时还无法仅通过这些数据做出相关决策。

2. 内在机理运行的第二阶段：数据的信息化转换阶段

在此阶段,治理主体可以通过理清和分析数据间的联系,将客观数据转化为有效信息。例如,如果将 A 高职院校近几年各专业的招生数据与国家产业发展及人才需求状况联系起来,建立模型进行统计分析与预测,就可以预测未来几年各专业的人才需求状况。还可以根据需要在模型中加入地区、性别等变量,全方位预测高职院校各专业的就业情况。在这个过程中,我们对数据进行筛选和整理,并将有联系的客观数据综合起来转化为有效信息。但是此阶段仍不能为治理主体提供明确的治理策略,还需要进一步将信息转化为策略。

3. 内在机理运行的第三阶段：信息的策略化转换阶段

在此阶段,治理主体可以通过对获得的信息进行理性化处理,进而做出治理决策。即将客观数据转化为有效信息后,通过进一步对有效信息进行分析,探求高职院校治理的规律性认知,辨别高职院校治理的共识与分歧,最终将感性认知转化为理性认知。例如,在建立模型预测了 A 高职院校各专业的就业情况后,进一步对学生的专业预期、相关专家对该专业发展的研究成果展开分析,然后,在此基础上做出治理策略安排。可见,数据治理的内在机理就在于通过数据的信息转换,再进而转换为理性认知,最后为高职院校治理决策提供依据。

（二）高职院校数据治理的外在样式：以数据系统为核心的多元利益主体协同运行

与传统治理工具或方法相比,高职院校数据治理改变了以往以政府为中心的运行机制,将原来政府由上而下的垂直管理转变为政府、学校、社会和市场等多元利益主体以数据系统为核心所构成的协同运行的新型治理机制,如图 6-1 所示。这使得高职院校数据治理在外在样式呈现上表现出以下三个主要特征。

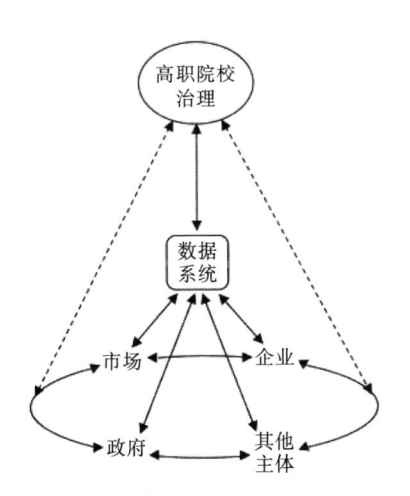

**图 6-1　高职院校数据治理的外在样式**

1. 外在样式呈现的突出表征：以数据系统为核心

数据系统是指高职院校数据治理中的数据处理中心。高职院校数据治理所需要的数据都存储在数据系统中，通过数据系统可以完成数据的查询、整理、清洗和可视化等数据处理。在高职院校传统治理中，政府占据着绝对主导地位，社会和市场是高职院校治理中的要素性主体，政府掌控着高职院校的人才培养结构与规模，导致社会、市场与高职院校之间的治理关系较为微弱。引入数据治理后，高职院校治理体系的核心是数据系统，政府、社会和市场均以数据系统为核心参与高职院校治理。高职院校数据治理的外在样式在表征上将突出呈现为以数据系统为核心。

2. 外在样式呈现的参与主体：包括政府、学校、社会和市场等多元利益主体

在以数据系统为核心的高职院校数据治理的外在样式中，高职院校与政府、社会和市场之间的关系将以数据系统为核心而形成，政府将不再是高职院校治理的唯一主导主体，社会和市场等要素性主体在高职院校治理中的地位和作用会得到极大的提升，其享有的权利与承担的义务也将更加丰富。高职院校数据治理的外在样式在参与主体上将呈现出政府、学校、社会和市场等多元利益主体的共同参与。

3. 外在样式呈现的运行模式：以数据系统为核心的多元利益主体协同运行

在高职院校数据治理的外在样式中，以数据系统为核心能有效地将高职院校治理的多元利益主体有机地联结在一起，并以共同治理为基础形成一体化的远程共同体。在高职院校数据治理中，居于核心地位的数据系统，能在获取互联网数据时及时进行数据流式处理而对数据进行归类、整理和存储。高职院校各治理主体可以通过数据系统处理的数据信息及时监测高职院校运行的各项指标，实时远程做出治理行为。高职院校的所有治理主体都可以通过数据的流式处理实时监测高职院校运行及其运行环境的动态、动向、舆情等，及时挖掘可能出现的机遇与危机，给高职院校管理者提供参考。高职院校数据治理的外在样式在运行模式上将呈现出以数据系统为核心的多元利益主体协同运行的模式。

## 四、高职院校治理转向数据治理的应对策略

### （一）强化数据治理的顶层设计

顶层设计是有效推进各项工作的关键。高职院校治理要转向数据治理也必须做好顶层设计。首先，高职院校领导层要牢固树立数据治理意识，从观念上引领高职院校治理各利益主体积极参与数据治理，形成数据治理的整体氛围。其次，高职院校领导层要全面规划数据治理工作，从学校长远发展的角度完善数据治理的组织体系、制度体系、标准体系和目标体系，为高职院校数据治理提供制度保障；同时，还要设计和完善数据治理的有效机制，明晰权责机制、协调机制、监督机制与沟通机制，为高职院校数据治理营造机制环境。

职业教育治理体系是一个整体的系统框架，由组织机构和一系列政策法规、制度条例组成。当前，我国职业教育治理主要应从国家、集团组织与学校三个层面着手：一是国家层面，从国家发展的战略高度出发，推动职业教育治理，建立健全制度体系，明确多元主体的权利与义务；二是集

团组织层面，通过搭建职教集团、职教工作部联席会议、职教行业对话活动等职业教育外部治理平台，实现产教深度融合与校企合作；三是学校层面，通过建立理（董）事会、党委常委会、学术委员会、实践专家研讨会等职业教育内部治理平台，调整职业院校内部治理结构，明确职业院校管理与教学的职责范围，厘清行政权力和学术权力的权力边界。

### （二）提升数据治理的基本素养

治理主体的数据治理基本素养是高职院校治理转向数据治理的人的因素。高职院校治理要转向数据治理，其参与治理的所有各类主体均需具有较高的大数据素养，即应具有相应的数据搜索、整理、分析、运用能力。一方面，高职院校要多途径多方法提高全体教职员工的大数据意识，采取措施督促全体教职员工自主自觉地学习数据基本知识，提升数据运用能力，形成高职院校整体较高的数据素养。另一方面，高职院校还必须培养和引进大数据人才，建立起由信息技术类、统计类、管理类与教育类等专业人才组成的大数据团队，负责学校数据库的建设与维护，并成为学校决策的智囊团队成员。该团队成员在搜集、整理与分析数据的过程中，要确保数据的客观性、真实性和及时性，并以便捷的形式呈现在数据库中，为高职院校治理提供信息支撑。

### （三）优化数据治理的基础条件

数据治理基础条件是高职院校治理转向数据治理的物的因素。职业院校治理要转向数据治理必须从完善和优化基础条件做起。高职院校数据治理的基础条件包括信息化基础设施，以及教学环境、后勤保障与平安校园等各方面都实现信息化[1]。其中，信息化基础设施指为高职院校数据治理提供数据流转和数据存储的平台，是高职院校数据治理的条件起点，包括了弱电系统、校园网络、物联网传感网络、网络信息系统、数据中心机房、

---

[1] 刘革平，罗杨洋，韩锡斌. 职业院校数字校园中的数据治理探究——《职业院校数字校园规范》解读之五［J］. 中国职业技术教育，2021（4）：32-38.

IT运营管理和云计算系统等；教学环境、后勤保障与平安校园等各方面的信息化，是指与这些方面相关的数据的生产、传输和应用等均能实现信息化。高职院校应从以上各方面加大数据治理的投入，优化数据治理的基础条件，实现教育教学各项工作均能运用大数据进行分析和处理，为高职院校治理转向数据治理提供良好物质保障。

### （四）完善数据治理的运行程序

数据治理的运行程序体现为高职院校数据治理的过程，涉及高职院校数据治理的行动方法与准则。运行程序合理与否直接影响着高职院校数据治理的效率。合理的运行程序可以保障数据治理环环相扣、层层递进，有效提高高职院校数据治理的效率。高职院校数据治理的运行程序按照进行顺序依次包括运行程序的设计、展开、评估与完善[①]。高职院校需要立足校情，合理安排和统筹考虑数据治理的运行程序，建立健全三大运行机制，即自上而下的执行机制，自下而上的采集机制以及多元协同的互动机制。建立自上而下的执行机制，需要高职院校成立专门负责大数据治理的机构，明确各机构及工作人员的定位，根据数据治理的总体目标与要求，将工作任务逐级分配到人，并提供必要的硬件、软件与经费保障；建立自下而上的采集机制，需要高职院校确定数据采集的目录、口径、时间及方法等，以确保数据的真实性、实时性、统一性、连续性与有效性；建立多元协同的互动机制，需要高职院校建立由数据采集制度、数据存储制度、数据分析制度、数据考核评价制度等组成的大数据治理制度。组织治理的运行程序直接展现着组织的治理能力。高职院校应高度重视和科学设计数据治理的运行程序，并不断完善之，以促进高职院校数据治理能力的持续提升。

---

① 吴刚，陈桂香. 高校大数据治理运行机制：功能、问题及完善对策［J］. 大学教育科学，2018（6）：34-38，66.

## 第四节　高职产业学院数据治理的现实动因和推进路径

### 一、产业学院的发展历程

校企合作作为我国教育改革的重要路径和制度性安排，历来受到党和国家的高度重视。2018年，人社部、国资委印发《关于深入推进技工院校与国有企业开展校企合作意见》提出要大力发展校企合作；2019年，《国家职业教育改革实施方案》明确提出"促进产教融合，校企'双元'育人，校企共同研究制定人才培养方案"；2021年，《关于推动现代职业教育高质量发展的意见》提出坚持产教融合、校企合作，推动形成产教良性互动、校企优势互补的发展格局，强调创新校企合作办学机制，丰富职业学校办学形态，拓展校企合作形式内容，优化校企合作政策环境。

作为一种新型校企合作模式，产业学院的探索已有一定的历史。早在1960年左右，日本建设了一批用于培养实用型产业人才的产业大学；英国教育与就业部也于1998年开始筹建产业大学，并于2000年正式运营，其主要宗旨是服务产业；2006年，我国成立了最早的产业学院——浙江经济职业技术学院与浙江物产集团共建的物流产业学院和汽车后服务连锁产业学院；2012年，我国提出探索建设混合所有制产业学院；2015年，我国提出探索发展混合所有制办学，鼓励企业和公办院校合作，举办适用公办校政策、具有混合所有制特征的二级学院；2017年，国务院办公厅印发《关于深化产教融合的若干意见》（国办发〔2017〕95号）鼓励企业依托或联合职业学校、高等学校设立产业学院；2020年，《现代产业学院建设指南（试行）》（教高厅函〔2020〕16号）提出要培养适应和引领现代产业发展的高素质应用型、复合型、创新型人才。自此，产业学院已成为时下教育领域出现频率最高的词语之一，全国各地的高职院校开始积极探索建设现代产业学院，产业学院的改革和创新力度也是前所未有的。

## 二、高职产业学院数据治理的现实动因

高职产业学院是高职院校与政府、企业、协会多方协同共建共管共享的创新型办学模式,具有以下鲜明特征:办学主体关系更加突出企业、行业协会的教育实体作用,人才培养更加注重"产教深度融合,校企协多主体协同育人"的质量和效果,管理体制机制更加强调多主体的紧密性、协同性和灵活性。

当前,高职院校现代产业学院建设效果不尽人意,面临着产业学院制度体系不够健全,办学主体不明确,办学目标不清晰,办学利益不一致,管理责任不明晰,课程开发不到位,经费监管机制不健全,人才培养供给侧与需求侧不匹配,校企合作育人意愿不强,沟通机制有待完善等问题。在充分肯定高职院校现代产业学院的重要性和必要性的同时,如何真正发挥高职院校现代产业学院的正效应,提升校企合作的有效性与可持续发展成为当前急需着力解决的重要问题。

高职院校现代产业学院最本质的价值取向是整合校企资源、引领产业创新发展、服务社会,最终形成教育、产业与社会的利益共同体。当前,我国产业学院的办学模式无法做到既能确保教育供给紧密贴合市场需求,又能维持教育公益性。产业学院的治理结构仍处于初级阶段,治理产权不清晰、治理主体缺乏协同性、治理目标分散及治理价值取向碎片化等问题较为突出。由于缺乏完善的现代法人治理结构,产业学院的日常决策与管理等工作的主导者大多是学校的原有管理者,使得产业学院的董事会(理事会)无法进行独立决策,企业利益得不到有效保障,校企利益共同体机制难以实现。

## 三、高职产业学院数据治理的推进路径

### (一)强化高职产业学院数据治理的顶层设计

第一,构建高职产业学院的内容体系。从高职产业学院人才培养模式

改革与探索（人才培养方案修订、实践教学体系完善、教学资源与特色课程建设等）、大学生创新创业训练与实践（创新创业基地建设、创新创业活动等）、共建企业遴选标准、师资队伍建设标准、学生实践能力考核标准等方面构建高职产业学院的内容体系。

第二，打造高职产业学院的实践体系。围绕高素质应用型人才、复合型人才、创新型人才培养目标，从产业导向技术研发、产学研相融的人才培养实践支持体系构建、产业服务、学生技能培训等方面，打造高职产业学院的实践体系。

第三，创新高职产业学院的科学评价体系。明确高职产业学院的内涵和外延，通过个别深度访谈、开放式问卷调查，对教育主管部门领导、行业企业管理者、高校管理者、高校教师进行访谈，获取描述高职产业学院建设评价的特征数据，同时结合专家小组讨论结果，确定高职产业学院建设评价体系结构维度，构建高职产业学院的评价指标体系，并从信效度考评的层面，保障评价指标体系的科学性。

第四，构建高职产业学院的"四维联动"保障机制。高职产业学院"四维联动"主体保障机制指在政府的扶持与推动下（政府维），从市场需求实际出发（市场维），发挥学校理论培训的优势（学校维），整合优势企业资源搭建实践教学平台（企业维）；高职产业学院"四维联动"系统保障机制包括高职产业学院环境系统（制度维）、高职产业学院组织系统（组织维）、高职产业学院基地与条件系统（条件维）、高职产业学院拓展系统（创新维）。

### （二）搭建高职产业学院数据治理的大数据平台

搭建高职产业学院数据治理的大数据平台，可以加速高职产业学院数据的流动，提高高职产业学院数据的应用效果。高职产业学院数据治理的大数据平台由大数据存储与预处理、大数据挖掘与分析、大数据应用三个模块构成①。第一,大数据存储与预处理模块需要完成内部数据接入与外部数据获取这两大任务,其中,内部数据包括财务系统、科研系统、学工系统、教务系统及图书馆系统中的所有数据;外部数据的抓取过程包括高职产业学院相关数据的抓取、清洗、过滤与检索等一系列流程。第二,在大数据挖掘与分析模块中,需要先定义问题,然后建立数据挖掘库,最后准备数据、建立模型、分析数据。第三,大数据应用模块主要包括了高职产业学院相关数据的智慧管理,并应用数据展开高职产业学院的绩效评估、发展分析和发展预测。高职产业学院数据治理的大数据平台的具体架构如图 6-2 所示。

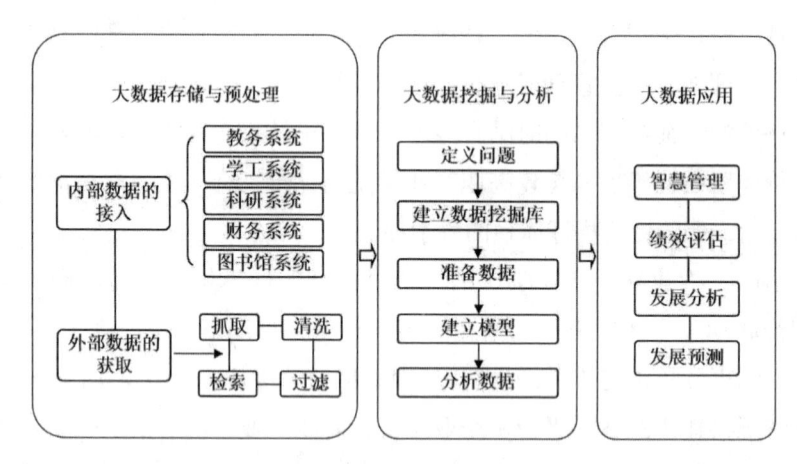

图 6-2 产业学院数据治理的大数据平台架构

(三)推进高职产业学院数据治理的法治建设

法治既是教育治理制度现代化的基本载体,也是教育治理方式现代化的重要内容,更是教育治理理念现代化的外在表达②。但是,目前推进高

---

① 于方,刘延申. 大数据画像——实现高等教育"依数治理"的有效路径[J]. 江苏高教,2019(3):50-57.

② 靳澜涛. 教育治理体系和治理能力现代化的法治之道[J]. 中国教育学刊,2021(10):46-50.

职产业学院数据治理还存在不少法治障碍,譬如教育立法体系难以满足教育数据治理的需要,教育执法效能难以适应教育行政方式的转型,教育纠纷解决机制难以回应权益保障的诉求。因此,需要通过嵌入法治思维与法治方式,全面提升高职产业学院数据治理的水平。第一,健全高职产业学院立法体系。早期盛行的政策治教模式导致教育法规范的体系化问题并不突出,而当前教育治理现代化的系统性要求使得健全教育立法体系的紧迫性日渐凸显。推动高职产业学院数据治理法治化,必须以健全高职产业学院立法体系为前提。第二,完善多元解纷机制。畅通高职产业学院数据治理中教育纠纷解决的法治渠道,并优先使用调解手段解决纠纷,促进矛盾在校内或基层化解,以便提高实效性。第三,规范教育执法行为。遵循法治化、科学化、民主化的基本原则,高职产业学院数据治理中嵌入信息公开、公众参与、风险评估、专家论证等制度,提高高职产业学院数据治理执法内容的可接受度。

## 参考文献

[1] Wende K. A model for data governance-organizing accountabilities for data quality managemnet [J]. 18th Austrlasian Conference on Information Systems, 2007(12): 417-425.

[2] Khatri V, Brown C V. Designing data governance [J]. Communications of the ACM, 2010, 53(1): 148-152.

[3] Martijn N, Hulstijn J, Bruijne M, et al. Determining the effects of data governance on the performance and compliance of enterprises in the logistics and retail sector [C] // Conference on e-Business, e-Services and e-Society. Springer, Cham, 2015: 454-466.

[4] Newman D, Logan D. Gartner introduces the EIM maturity model [EB/OL] [2019-11-01]. http://www.gartner.com/technology/about/policies/correction_2008.jsp.

［5］刘子龙，黄京华．信息隐私研究与发展综述［J］．情报科学，2012，30（8）：1258-1262．

［6］王伟玲．全球数据治理：现实动因、双重境遇和推进路径［J］．国际贸易，2021（6）：73-80．

［7］姚前．数据跨境流动的制度建设与技术支撑［J］．中国金融，2020（22）：27-29．

［8］张秦，孙长坪．数据治理：高职院校治理方式的创新［J］．中国职业技术教育，2021（27）：32-37．

［9］田聪．概念合成理论评述［J］．首都师范大学学报（社会科学版），2006（s3）：13-16．

［10］姚松．大数据时代教育治理转型的前瞻性分析：机遇、挑战及演进逻辑［J］．现代远程教育研究，2016（4）：32-41．

［11］汤贝贝，薛彦华．大数据背景下高等教育治理转型：机遇、挑战与应对策略［J］．重庆高教研究，2019，7（2）：77-86．

［12］杨现民，郭利明，王东丽，等．数据驱动教育治理现代化：实践框架、现实挑战与实施路径［J］．现代远程教育研究，2020，32（2）：73-84．

［13］查永军．大数据与高校院系治理［J］．中国电化教育，2018（1）：59-63．

［14］孙长坪．高职院校治理能力建设之维：治理体系+运行机制［J］．现代教育管理，2019（12）：87-92．

［15］张伶俐．校企合作办学问题及启示［J］．教育教学论坛，2020（42）：38-39．

［16］段明．基于产教融合的高职产业学院治理模式、问题与路径［J］．教育与职业，2021（16）：28-35．

［17］高鸿．产业学院：源于产业，根植产业，服务产业［J］．职业技术教育，2021，42（30）：1．

# 附 录

## 附录1 小组座谈提纲

同学们：

您好！我们以"高职学生在线学习情况"为主题进行专题调查活动，在此希望得到你们的帮助，邀请你们结合自身的情况回答相关问题。本次调查将严格为您的隐私保密。

衷心感谢您的支持与配合！

1. 您愿意进行在线学习吗？为什么？
2. 您更喜欢在线学习还是传统教学？为什么？
3. 相比于传统学习方式，您觉得线上学习有哪些优点和缺点？
4. 在线学习带给您最大的感受是什么？线上学习过程中有没有什么收获？
5. 在线学习过程中，您能否集中注意力进行学习？如果不能，请说说最影响您注意力集中的三个原因。
6. 您在线上学习中遇到过哪些问题？您是如何解决的？
7. 说说对您在线学习效果影响最大的三个因素。
8. 当我说到线上教学平台的时候，您最先想到的是哪些平台？您觉得这些平台存在哪些优缺点？

9. 在各大教学平台中，您觉得哪个最适合您的学习和使用习惯？

10. 您觉得老师和学校在线上教学方面有什么需要改进的地方？

# 附录2　高职学生在线学习情况调查问卷

亲爱的同学：

您好！我们以"高职学生在线学习情况调查"为主题开展此次调查活动。本次调查将严格按照《统计法》的要求进行，为您的隐私保密，不用填写姓名，所有问答只用于统计分析。您只需根据自己的实际情况填写本问卷。衷心感谢您的支持与帮助！

1. 您的年级是？

　　○大一　○大二　○大三

2. 您所学的专业是？

　　○财经商贸类　　　　○旅游类　　　　　　○交通运输类

　　○农林牧渔类　　　　○土木建筑类　　　　○电子信息类

　　○食品药品与粮食类　○轻工纺织类　　　　○资源环境与安全类

　　○教育与体育类　　　○公共管理与服务类　○其他

3. 您的性别是？

　　○男　○女

4. 您是否进行过在线学习？（选择"否"，请结束作答）

　　○是　○否

5. 您使用最多的是哪种在线学习方式？

　　○录播　○直播　○录播＋直播　○其他

6. 您更倾向于选择以下哪种在线学习方式？

　　○录播　○直播　○录播＋直播

7. 您在线学习时的网络情况如何？

　　○很好　○较好　○一般　○较差　○很差

8. 您平均每天在线学习的时长为？

　　○ 1 小时以下　　○ 1-3 小时　　○ 3-6 小时　　○ 6 小时以上

9. 您认为线上学习中，每节课上课时长为多少最合适？

　　○ 15 分钟以下　　○ 15 至 30 分钟　　○ 30 至 45 分钟

　　○ 45 至 60 分钟　　○ 60 分钟以上

10. 您觉得以下哪种学习方式效果最好？

　　○ 在线学习　　　　　　○ 传统课堂教学

　　○ 在线学习+传统课堂教学　　○ 都差不多

11. 您觉得自己在线学习的效果如何？

　　○ 很好　○ 较好　○ 一般　○ 较差　○ 很差

12. 在线学习能否满足您的学习需求？

　　○ 完全满足　○ 基本满足　○ 不太满足　○ 完全不满足

13. 您觉得在线学习和传统学习，哪个更轻松？

　　○ 在线学习更轻松　○ 传统学习更轻松　○ 差不多

14. 在线学习过程中，您是否有过迟到或早退现象？

　　○ 经常　　　○ 偶尔　　　○ 从无

15. 对于在线学习过程中老师所发布的学习任务，您的完成度是？

　　○ 每次课都完成了学习任务　　○ 偶尔没完成学习任务

　　○ 经常没完成学习任务　　　　○ 从来没完成过学习任务

16. 在线学习过程中，您参与课堂互动吗？

　　○ 经常参与　　○ 偶尔参与　　○ 从不参与

17. 在线学习过程中，您是否做笔记？

　　○ 经常做笔记　　○ 偶尔做笔记　　○ 从不做笔记

18. 在线学习过程中，您的课后作业完成情况如何？

　　○ 很好　○ 较好　○ 一般　○ 较差　○ 很差

19. 您对在线课程的学习兴趣？

　　○ 很高　○ 较高　○ 一般　○ 较低　○ 很低

20. 您用什么设备进行在线学习？（可多选）

　　○手机　○电脑　○平板　○其他

21. 对于在线学习中没有学懂的知识，您是怎么处理的？（可多选）

　　○求助老师　○与同学讨论　○自己解决　○放任不管

22. 您线上学习中遇到了哪些困难？（可多选）

　　○学习自律性较差　　　○学习过程中注意力不够集中

　　○硬件条件较差，比如缺少电脑或智能手机、网络不流畅等

　　○学习环境较差，比如学习环境嘈杂等

　　○使用的学习软件过多，造成混乱　　○听课效率较低

　　○无法适应网课模式　　　　　　　　○学习难度太大

　　○学习任务繁重　　　　　　　　　　○自学能力较差

　　○较难与老师、同学进行互动　　　　○其他

23. 相对于传统学习方法，您觉得在线学习的优势有哪些？（可多选）

　　○学习空间不受约束　　　　　　　　○学习资源丰富

　　○可回看学习资源，强化学习效果　　○学习时间更自主

　　○学习过程更为安静，不受别的同学打扰　○其他

　　○可提前学习，提高学习效率

24. 您使用过的线上学习平台有哪些？（可多选）

　　○学习通　　○钉钉　　○智慧树　○QQ课堂　○腾讯课堂

　　○微信视频　○腾讯会议　○云课堂　○其他

25. 请您对在线学习平台的以下指标进行满意度评价

| | 非常满意 | 比较满意 | 一般 | 比较不满意 | 非常不满意 |
|---|---|---|---|---|---|
| 平台操作界面 | ○ | ○ | ○ | ○ | ○ |
| 平台运行的稳定性 | ○ | ○ | ○ | ○ | ○ |
| 视频播放功能 | ○ | ○ | ○ | ○ | ○ |
| 互动功能 | ○ | ○ | ○ | ○ | ○ |

# 附录3  高职学生在线学习力影响因素测评量表

亲爱的同学：

您好！我们正在进行一项关于高职学生在线学习力影响因素的测评量表。本次调查将严格按照《统计法》的要求进行，为您的隐私保密，不用填写姓名，所有问答只用于统计分析。您只需根据自己的实际情况填写本问卷。衷心感谢您的支持与帮助！大家注意所有题项采用李克特五点量表，选项从左到右分别代表非常不同意、不同意、一般、同意、非常同意。

1. 我认为参加网络学习能拓展知识，提升专业技能，以更好地用于职业发展。

　　○非常不同意　　○不同意　　○一般　　○同意　　○非常同意

2. 我深信通过网络学习可以开阔视野，有助于我的个人发展。

　　○非常不同意　　○不同意　　○一般　　○同意　　○非常同意

3. 我想深入学习，研究感兴趣的课题，学习感兴趣的课程内容。

　　○非常不同意　　○不同意　　○一般　　○同意　　○非常同意

4. 我想有机会证明自己，或向他人证明我能做到。

　　○非常不同意　　○不同意　　○一般　　○同意　　○非常同意

5. 我主要是需要提升学历或获得专业证明，以便未来能找到一份更好的工作。

　　○非常不同意　　○不同意　　○一般　　○同意　　○非常同意

6. 我愿意在网络学习过程中不断进行拓展学习。

　　○非常不同意　　○不同意　　○一般　　○同意　　○非常同意

7. 我真正投入网络学习时感觉很好。

　　○非常不同意　　○不同意　　○一般　　○同意　　○非常同意

8. 网络学习时，我能够集中注意力，排除外部干扰。

　　○非常不同意　　○不同意　　○一般　　○同意　　○非常同意

9. 网络学习受阻或中断后，我可以很快回到学习中。

　　○非常不同意　　○不同意　　○一般　　○同意　　○非常同意

10. 我知道什么条件可以帮助并促进我在网络学习时深度学习。
　　○非常不同意　　○不同意　　○一般　　○同意　　○非常同意

11. 我学习网络课程时，能理解和吸收大部分的课程内容。
　　○非常不同意　　○不同意　　○一般　　○同意　　○非常同意

12. 网络学习时，我会注意课程结构、构成及呈现方式。
　　○非常不同意　　○不同意　　○一般　　○同意　　○非常同意

13. 网络学习时，我会将已知与未知联系起来，将所学与实践建立联系。
　　○非常不同意　　○不同意　　○一般　　○同意　　○非常同意

14. 我会计划需要什么资源可以帮助我学习，将会花多长时间获取这些资源。
　　○非常不同意　　○不同意　　○一般　　○同意　　○非常同意

15. 网络学习过程中我会根据实际灵活调整计划或者改变方向。
　　○非常不同意　　○不同意　　○一般　　○同意　　○非常同意

16. 如果有更好的想法或做法，我很乐意改变调整学习计划。
　　○非常不同意　　○不同意　　○一般　　○同意　　○非常同意

17. 我会思考学到的东西如何应用在工作实践中或其他地方。
　　○非常不同意　　○不同意　　○一般　　○同意　　○非常同意

18. 我会思考并尝试用什么方法帮助我更好地进行网络学习。
　　○非常不同意　　○不同意　　○一般　　○同意　　○非常同意

19. 我会和同伴交流如何进行网络学习，思考有效的网络学习方法。
　　○非常不同意　　○不同意　　○一般　　○同意　　○非常同意

20. 我会关注或向他人请教，学习他们好的学习方法或做法。
　　○非常不同意　　○不同意　　○一般　　○同意　　○非常同意

21. 在线学习过程中，我会按照要求登录课程页面。
　　○非常不同意　　○不同意　　○一般　　○同意　　○非常同意

22. 我会根据在线课程的主题主动搜索相关网络资源进行学习。
　　○非常不同意　　○不同意　　○一般　　○同意　　○非常同意

23. 在线学习过程中，我会同老师、同学进行交流。
○非常不同意　　○不同意　　○一般　　○同意　　○非常同意

24. 在线学习过程中，遇到不懂的问题，我会向老师、同学请教。
○非常不同意　　○不同意　　○一般　　○同意　　○非常同意

25. 线上学习过程中，在数量方面，我完成了老师布置的所有任务（包括视频、作业、主题讨论和测试等）。
○非常不同意　　○不同意　　○一般　　○同意　　○非常同意

26. 线上学习过程中，在质量方面，我高质量地完成了老师布置的所有任务（包括视频、作业、主题讨论和测试等）。
○非常不同意　　○不同意　　○一般　　○同意　　○非常同意

27. 线上学习过程中，在及时性方面，我按时完成了老师布置的所有任务（包括视频、作业、主题讨论和测试等）。
○非常不同意　　○不同意　　○一般　　○同意　　○非常同意

# 后　记

职业教育的发展水平体现着国家的经济发展水平和教育的现代化水平。党的十八大以来，尤其是国务院颁布《国家职业教育改革实施方案》以来，我国职业教育改革发展走上提质培优、增值赋能的快车道，职业教育面貌发生了格局性变化。当下，我国高职教育领域的发展与改革正面临前所未有的挑战，适应职业教育新常态发展，既是教育工作者和教育研究者长期的重要命题，也是高职院校面临的艰巨任务。

大数据时代的到来，带来了数据的广泛应用，大数据思维已越来越多地应用到教育领域，大数据与教育的结合成为时代发展的必然要求，这为高职院校带来了机遇与挑战。高职院校必须积极应对大数据时代的到来，运用大数据助力高职教育发展，促进教学能力、管理能力、治理能力等的全方位提升，扩大教育供给，加快教育改革。

本书从理论成果升华和实践经验提炼的角度梳理了大数据在高职教育中的应用，以期为推进大数据与职业教育的融合发展提供有益的尝试。限于自身的学识与水平，以及时间、精力、财力等因素的制约，尽管本书已做了最大努力多次修改成稿，但仍有诸多不尽如人意之处，特别是相关理论的研究不够深入、系统，欢迎广大读者批评指正。在成书过程中参考了大量文献，已在书中尽可能标注，如有疏忽未标注，也敬请谅解。